Thomas Grasberger
Gebrauchsanweisung für München

Thomas Grasberger

Gebrauchsanweisung
für München

Piper
München Zürich

Außerdem liegen vor:

Gebrauchsanweisung für Amerika von Paul Watzlawick
Gebrauchsanweisung für Andalusien von Nikolaus Nützel
Gebrauchsanweisung für China von Uli Franz
Gebrauchsanweisung für Deutschland von Maxim Gorski
Gebrauchsanweisung für England von Heinz Ohff
Gebrauchsanweisung für Griechenland von Martin Pristl
Gebrauchsanweisung für Hamburg von Stefan Beuse
Gebrauchsanweisung für Irland von Ralf Sotscheck
Gebrauchsanweisung für Israel von Martin Wagner
Gebrauchsanweisung für Italien von Henning Klüver
Gebrauchsanweisung für Japan von Gerhard Dambmann
Gebrauchsanweisung für Kuba von Arno Frank Eser
Gebrauchsanweisung für Mexiko von Susanna Schwager und
Michael Hegglin
Gebrauchsanweisung für New York von Natalie John
Gebrauchsanweisung für Portugal von Eckhart Nickel
Gebrauchsanweisung für Schottland von Heinz Ohff
Gebrauchsanweisung für die Schweiz von Thomas Küng
Gebrauchsanweisung für Tibet von Uli Franz
Gebrauchsanweisung für Tschechien von Jiří Gruša

ISBN 3-492-04299-6
© Piper Verlag GmbH, München 2001
Umschlaggestaltung: R·M·E Eschlbeck / Natascha Steuer
Bildmotiv: Peter von Felbert
Gesetzt aus der Bembo
Gesamtherstellung: Clausen & Bosse, Leck
Printed in Germany

Inhalt

Prolog:

*Versuch über das Nichts oder
Von der Schwierigkeit, eine Stadt zu
beschreiben, die es so nie gegeben hat*

E's gehört nicht zu den bayerischen Eigenarten, allzu viele Worte zu machen. So hat kürzlich ein Herr aus dem oberbayerischen Pfaffenhofen die Bedienung eines Münchner Biergartens gemaßregelt, weil sie sich erlaubt hatte zu fragen, ob er noch ein weiteres Bier wünsche. Sie möge doch bittschön einfach noch eins bringen und nicht so dumm fragen, brummte der Gast. Er würde ihr dann schon mitteilen, wenn er kein Bier mehr haben wolle. Die Geschichte ist nicht ganz untypisch. Bayern reden nicht gern und nicht viel über Dinge, die ihnen selbstverständlich erscheinen. Das gilt auch für die Münchner. Sie stehen damit in einem gewissen Gegensatz zu den Zeitgenossen aus den nördlichen Teilen der Republik, die über nichts, aber auch rein gar nichts minuten-, ja stundenlang munter dahinparlieren können. So zumindest wollen es die Ritualbücher zur Verbreitung landsmannschaftlicher Klischees. Und so empfindet es wohl auch manch Bairisch sprechender Mensch. Gerade in München, wo die Bayern mit Preußen jeglicher Provenienz ja auf engstem Raum zusammenleben.

Wenn jetzt an dieser Stelle vergleichsweise viele Worte gemacht werden, so liegt es nicht daran, daß ein Norddeutscher wieder einmal die Tinte nicht halten konnte. Der Autor, es sei hiermit zur eindeutigen weltanschaulichen Standortbestimmung ausgesprochen, ist gebürtiger und bekennender Altbayer mit Wohnsitz in München. Womit wir schon beim Thema wären. Was heißt hier eigentlich München? Wo liegt es, was ist es, und zu welchem Ende studiert man dieses München? Sie sehen, es wird gleich zu Beginn recht philosophisch. Das bringt der Gegenstand unserer Betrachtungen mit sich. Sollte Ihnen der Blick in die Abgründe bayerischen Philosophierens aber noch zu gewagt erscheinen, blättern Sie jetzt einfach weiter, und lesen Sie dieses Vorwort dann, wenn Sie glauben, die nötige sittliche Reife dafür zu haben. Oder nach zwei Maß Oktoberfest-Bier.

München macht es erforderlich, in der Einleitung ein paar Zeilen über nichts anderes als das Nichts zu verlieren. Was natürlich nicht heißen soll, daß München nichts ist. Irgend etwas wird es schon sein, weil irgendwo müssen seine 1,3 Millionen Einwohner ja untergebracht, verpflegt, beschäftigt, transportiert und unterhalten werden. Nichts ist also nie! Möchte man meinen. Nimmt man jedoch den althochdeutschen Ursprung des Wortes »nichts«, der sinngemäß so viel wie »nie etwas« bedeutet, kommt man München schon ein Stück näher. Das Eigentümliche an dieser Stadt ist nämlich, daß sie nie das ist, was man glaubt, gerade an ihr entdeckt zu haben. Sie ist wie ein Chamäleon, das sich in Sekundenschnelle von Weiß-Blau in Kunterbunt verwandeln kann, um kurz darauf in kräftigem Rot zu schimmern, ohne seine haselnussig schwarzbraunen Flecken ganz aufzugeben. München ist immer vieles. Und das keineswegs nur politisch betrachtet.

Kaum wähnt man sich in einer Weltstadt, bricht auch schon irgendeine lokalpolitische Zwischengröße einen höchst amüsanten Streit vom Zaun und beweist, daß Komödienstadel auch in urbanem Umfeld möglich ist. Kaum glaubt man erkannt zu haben, München sei ein elendes Spießerkaff voller Rauhhaardackel, die ihre Gamsbart-behüteten Herrchen Gassi führen, kommt auch schon Schoßhund Daisy ganz mondän im Rolls-Royce ums Eck. Und Rudolph Moshammer, Münchner Kultfigur und Edelpunk der frühen Stunde, ist dann meist auch nicht mehr weit.

Oder nehmen wir die Gastronomie: Jahrein, jahraus finden wir in München einen Hort charmanter Gastlichkeit mit mehr oder weniger kultivierten und sittsamen Einheimischen. Bis zu jenem lauen Septemberabend, an dem wir das erste Mal das Oktoberfest aufsuchen. Ein Kulturschock, vergleichbar einer Reise mit der Zeitmaschine, 15 000 Jahre zurück, in die jüngere Altsteinzeit, wo wilde Stammesrituale mit konventionellen zivilisatorischen Maßstäben kaum mehr zu fassen sind.

München bedient viele Klischees und entzieht sich gern, sobald man sich ihrer bedienen will. Wir haben es also mit der Schwierigkeit zu tun, eine Stadt zu beschreiben, die es so gar nicht gibt, nie gegeben hat, nie geben wird. Das macht eine Gebrauchsanweisung zwar nicht unbedingt einfacher, mit Sicherheit aber reizvoll. Und vielleicht finden wir in diesem Reiz ja auch eine Erklärung dafür, daß erfahrungsgemäß mehr Menschen von – sagen wir einmal – Celle nach München ziehen als umgekehrt.

Das soll natürlich nicht heißen, daß ein waschechter und geistig heller Celler dieses geheimnisvolle München nicht ebenso gut und richtig verstehen könnte wie ein gebürtiger Giesinger. Vielleicht sogar besser, bestimmt jedoch anders. Eine banale Tatsache, die letztlich typisch ist für jede Form der teilnehmenden Beobachtung. Mit dem Beobachter ändert sich auch der Gegenstand der Beobachtung. Das ist immer schon das Kreuz aller ethnologischen Forschungsreisenden, seit Menschen auf fremde Kulturen treffen. So gesehen wären also mindestens 1,3 Millionen Gebrauchsanweisungen aus den Federn ebenso vieler Münchner möglich gewesen. Nicht zu reden von all den sinnvollen Erklärungen unserer Freunde aus Norddeutschland und dem Rest der Welt. Daß auf diesen Versuch über das Nichts nur eine einzige und noch dazu recht subjektive »Gebrauchsanweisung für München« folgt, bitten wir als läßliche Sünde zu entschuldigen. Mehr war auf 208 Seiten beim besten Willen nicht unterzubringen.

Ankunft

Eine Annäherung an München ist zu Wasser, zu Lande und aus der Luft möglich. Welches das günstigste und schnellste Verkehrsmittel ist, vermag derzeit niemand wirklich zu sagen. Was den Wasserweg angeht, müssen wir zu unserem Bedauern feststellen, daß es mit den fahrplanmäßigen Verbindungen auf der Isar, den sogenannten Ordinariflößen, nicht mehr allzuweit her ist. Dabei war es einst eine durchaus gängige Methode der Anreise. Schon Mitte des 17. Jahrhunderts fuhr jeden Montag und jeden Freitag Punkt sieben Uhr früh ein Floß von Mittenwald nach München hinein. Später kam der Fernverkehr hinzu, von München nach Landshut, ja sogar bis nach Wien hinunter. Leider gibt es sie nicht mehr. Schade eigentlich, denn solche Fahrten sollen ehedem eine recht heitere Angelegenheit gewesen sein. Auf einem einzigen Floß wurde garantiert mehr Alkohol ausgeschenkt als bei allen zeitgenössischen Airlines zusammen. Was die Sache nicht eben ungefährlich machte, denn so manches Mal knallte ein schwer angeheiterter Flößer mit seinem Gefährt samt Fracht und Passagieren gegen einen Brückenpfeiler.

Vielleicht wurde auch deshalb 1825 der fahrplanmäßige Passagierverkehr aufgegeben. Heute gibt es nur mehr die bierseligen Gaudiflußfahrten, die als zeitgemäßes Verkehrsmittel nicht wirklich zu empfehlen sind. Wer also unbedingt am Wasserweg festhalten wollte, müßte schwimmen. Was beim derzeitigen Wasserstand der Isar in der Gegend um München garantiert mit aufgeschlagenen Knien enden würde. Und schon wegen der Qualität des Isarwassers nicht unbedingt ratsam erscheint. Also nimmt der zeitgenössische Besucher vielleicht lieber sein Auto für eine Reise nach München. Doch auch damit könnte es an manchen Tagen zu Verzögerungen kommen. Von Norden her, auf der A 9 fahrend, kommt er nämlich in der Regel ungefähr bei Eching zu stehen. Von Süden her, auf der A 8, in der Gegend um Brunnthal. So oder so, er wird viel Zeit haben, sich zu fragen, warum er nicht doch besser geschwommen ist.

Beliebt sind auch die Reisen mit der Eisenbahn. Gleichwohl sind auch dabei gewisse Fallstricke nicht ohne weiteres auszuschließen. Unerfahrene Reisende könnten aus lauter Vorfreude versucht sein, schon im Bahnhof München-Pasing aus dem Zug zu springen. Sollte Ihnen als Debütant ein solches Mißgeschick widerfahren, bleiben Sie ganz ruhig, verlieren Sie nicht die Nerven, und beachten Sie folgenden Drei-Punkte-Notfallplan: 1. Verlassen Sie nie den Bahnhof Pasing! 2. Vergessen Sie alles, was Sie gesehen haben, warten Sie auf den nächsten Zug nach Augsburg, und fahren Sie zurück! 3. Machen Sie von Augsburg aus einen erneuten Anlauf zum Münchner Hauptbahnhof. Sie wissen ja, es ist immer die erste Begegnung mit einer Stadt, die beim Gesamteindruck besonders zählt, weil sich unwiderrufliche Eindrücke im Gehirn einprägen. Heben Sie sich Pasing lieber für später auf!

Wem all dies gleich am Anfang viel zu gefährlich erscheint, der nehme das angeblich schnellste und sicherste Verkehrsmittel unserer Tage. Ein Flug von Hamburg nach München dauert nur eine Stunde. Außer es ist gerade Sommer, und es hängen mehrere Gewitter über München. Dann kann so ein Rundflug in der Warteschleife auch schon mal fünf Stunden dauern. Vielleicht sitzen Sie ja gerade in einem Flugzeug, wenn Sie diese Zeilen lesen. Die Maschine fliegt eine steile Kurve, die Stewardeß hat Sie soeben freundlich aufgefordert, Ihren Gurt anzulegen, und aus dem Deckenlautsprecher näselt Ihr Kapitän irgend etwas Unverständliches von »Landeanflug«. Sollten Sie einen Fensterplatz haben, dann schauen Sie doch einfach mal hinaus. Mit etwas Glück sehen Sie unter sich die Burg Trausnitz und den größten klerikalen Backsteinbau der Welt, die Martinskirche. Beide gehören unwiderruflich zur niederbayerischen Stadt Landshut. Eindrucksvoll und zum Greifen nah! Man kann schon fast die Menschen erkennen. Aus dem Erdkundeunterricht wissen Sie vielleicht noch, daß Landshut gut 60 Kilometer von München entfernt liegt. Spätestens jetzt dürfte sich bei Ihnen ein leichter Anflug von Panik einstellen. Sie denken an eine Flugzeugentführung? An eine Notlandung? Bleiben Sie gelassen! Zugegeben, die Maschine ist schon verdammt weit unten und die Stadt Ihrer Sehnsüchte noch so fern. Und doch hat alles seine Richtigkeit. Sie befinden sich im Landeanflug auf den Flughafen München. Oder »FJS-Airport«, wie der in der Einflugschneise immer noch tapfer ansässige Niederbayer heutzutage sagen würde. Wenn Sie jetzt ins Grübeln kommen und sich fragen, ob im Begriff Annäherung nicht doch irgendwie das Wort »nahe« drinsteckt, und wenn Sie sich dann weiter fragen, warum der Münchner Flughafen dennoch so weit von der Stadt weg ist, dann schauen Sie noch einmal aus dem Flugzeugfenster. Mit hoher Wahrscheinlichkeit blicken Sie in eine der ortsüblichen Quellwolkenformationen. Mit etwas Phantasie können Sie zwischen den dichten Wolkenbänken das Konterfei eines hiesigen Stammesheiligen erkennen. Ein schwerer, massiger Schädel mit kleinen, fast zugewachsenen Äuglein, die Ihnen zuzwinkern. Es handelt sich dabei keineswegs um eine Fata Morgana, sondern um eine noch recht präsente, wenngleich nicht mehr physisch unter uns weilende Persönlichkeit. Was Sie da sehen, ist die Erscheinung Seiner Majestät Franz Josef Strauß des Ersten und Einzigen, seines Zeichens langjährig unumschränkt waltender Stammesfürst der Bayern, verstorben im 88er-Jahr bei einer fürstlichen Jagdgesellschaft, hinaufgefahren gen Himmel, dort droben – so will es die bayerische Mythologie – die Macht im Handstreich an sich gerissen und seither gottgleicher Herrscher der himmlischen Heerscharen, Sektion Bayernland.

Weil seine Untertanen und mehr noch seine politischen Ziehsöhne nicht glauben konnten, daß er für immer von ihnen gegangen sein soll, hat man – ganz in der Tradition altägyptischer Pharaonenkulte – vorsichtshalber einen überdimensionierten Flughafen gebaut und nach ihm benannt. Denn erstens war er zu Lebzeiten passionierter Sportflieger und somit prädestiniert für die Rolle des Schutzpatrons der Fliegerei und des steuerbefreiten Flugbenzins. Und zweitens: Man weiß ja nie, ob er vielleicht nicht doch eines Tages wieder runterkommt, der heilige Franz Josef. Dann braucht er eine geräumige Landebahn, weshalb das Mammutprojekt mitten im Erdinger Moos gerade groß genug erschien.

Zugegeben, das ist nur eine der Theorien über den Münchner Flughafen. Eine andere besagt, daß der Stammesfürst Strauß selbst das Renommierstück aus quasi niederen Beweggründen in die Welt setzen ließ. Motiv Rache! Das würde gut erklären, warum der Franz-Josef-Strauß-Flughafen so weit von München entfernt ist und in 2000 Jahren kein noch so gescheiter Archäologe wird sagen können, ob dieser kultische Ort nun zur Siedlung Salzburg, Nürnberg oder doch zu München gehört hat. Unser tapferer Altertumsforscher wird vielleicht nur aus diesem Buch erfahren können, daß es seinerzeit um die posthume Abrechnung eines enttäuschten Namensgebers ging.

Der politische Hintergrund ist eindeutig: Zu gern

wäre der Bayernherrscher einst Bundeskanzler der ganzen Republik geworden. Aber die undankbaren Wähler, sie wollten ihn nicht. Und deshalb müssen Sie jetzt jedes Mal bluten, wenn Sie nach München wollen. Immer schön einen zusätzlichen Hunderter fürs Taxi in der Reisekasse bereithalten, sonst heißt es: zu Fuß gehen. Was dann unter Umständen noch länger dauert, als an der S-Bahn-Station herauszufinden, wie viele Streifenkarten Sie für eine Fahrt in die Innenstadt brauchen. Machen Sie sich in solchen Situationen keine ernsthaften Gedanken über Ihre eigene Intelligenz. Es gibt keinen Eingeborenen, der das Tarifsystem des Münchner Verkehrsverbunds zur Gänze verstanden hätte. Und es gibt keinen, der einen anderen kennt, der über solche Kenntnisse verfügte. Wer was anderes behauptet, der lügt oder arbeitet beim MVV. Und lassen Sie sich um Gottes willen nicht das MVV-Kartenverwirrspiel erklären. So viel Zeit haben Sie nicht. Halten Sie es lieber mit dem Rat eines alten Münchners, der dem Autor auf die Frage nach dem richtigen Ticket einst antwortete: »I woaß aa ned. Nehmans a billigs und loßns Eahna hoid ned dawischn.«

Diese Form der mobilen Unwissenheit ist übrigens eine der wesentlichen Gemeinsamkeiten aller Münchner. Eine weitere besteht darin, daß man gern und wortreich über die S-Bahn schimpft, weil sie oft zu spät kommt. Plötzlich entflammen am Haltesteig Gespräche zwischen Wildfremden, was sonst nicht gerade üblich ist in dieser Stadt. Im Fall der Flughafen-Linie sind solche Beschimpfungen aber reichlich undankbar. Immerhin gibt es heute diese Bahnverbindung, was auch nicht selbstverständlich ist. In der Frühzeit des Airports ging unter Spöttern das geflügelte Wort, daß der Münchner Flughafen der einzige der Welt sei, den man nur aus der Luft erreichen könne. Heute können Sie in gepflegten vierzig Minuten in die Innenstadt reisen. Wenn Sie von irgendeinem bundesdeutschen Flughafen gestartet sind, macht das in der Regel nur die Hälfte Ihrer Gesamtreisezeit aus. Und wenn Sie von den Fidschiinseln kommen, ist es kaum mehr der Rede wert.

Dafür können Sie sich dann ausgiebig an so idyllisch klingenden Haltestellennamen wie Hallbergmoos, Ismaning und Unterföhring erfreuen. Weil aber S-Bahn-Dörfer im allgemeinen und vom Zug aus gesehen im besonderen doch sehr ähnlich wirken, und weil die Ortsnamen immer noch ländlicher werden, reißt der Ortsunkundige spätestens bei Englschalking seinen Stadtplan heraus und prüft panisch, ob er auch ja in die richtige Richtung fährt. Bleiben Sie gelassen, eigentlich kann jetzt nicht mehr viel schiefgehen. Lauschen Sie der Stimme Ihres Zugbegleiters: Wenn es irgendwie nach englischer Sprache klingt, dann sind Sie goldrichtig. Freuen Sie sich, Sie sind nämlich soeben Ohrenzeuge einer bahnbrechenden Revolution geworden, die der MVV erst kürzlich angezettelt hat. Man könnte es die Globalisierung des Münchner Personennahverkehrs nennen. Spätestens im Jahr 2001 nämlich sollen die Ansagen in den beiden S-Bahn-Linien zum Flughafen zweisprachig werden. Auf Deutsch und auf Englisch.

Wer jetzt entgegnet, man könne ja die deutschsprachige Ansage schon kaum verstehen, der ist ein unverbesserlicher Zyniker, wenngleich er nicht ganz unrecht hat. Jedenfalls ist die polyglotte Innovation beim MVV durchaus von praktischer Bedeutung. Ein Beispiel: Wer früher von der Innenstadt zum Flughafen wollte, konnte böse Überraschungen erleben. Hatte er die Durchsage nicht verstanden, daß in der S1 bei Neufahrn nur der letzte Wagen zum Flughafen abbiegt, fuhr er gutgläubig bis Freising und mußte dort ein teures Taxi nehmen. In einem Anflug von Weltläufigkeit verkündete deshalb ein Bahnsprecher im Mai 2000, es werde jetzt sogar darüber nachgedacht, »auf allen Linien auch die Haltestellen zweisprachig ansagen zu lassen«. Eine Münchner Boulevardzeitung fühlte sich durch diese Modernisierungspläne jedenfalls zu munteren Übersetzungsübungen animiert: Mountain on Glue stünde demnach künftig für den Stadtteil Berg am Laim, Hair für Haar, Ragething für Zorneding.

Jedenfalls wäre es richtig schade, wenn eines Tages ein Schnellzug vom Flughafen direkt in die Stadt führte. Denn jeder, der einigermaßen guten Willens ist, kann sehen, daß die Anreise nach München im Grunde eine lustige Sache ist. Auch wenn es manchmal ein wenig dauert und recht kompliziert erscheinen mag – angekommen ist noch fast jeder. Wieder abgereist aber sind nicht immer alle. Aus gutem Grund. Sie haben die vermutlich schönste Stadt der Welt glücklich erreicht.

Wo, bittschön, ist München?

München ist eine Siedlung westlich von Wasen-tegernbach. Das wiederum liegt hinter Thann-Matzbach. Beide sind aus zahlreichen Fahrplänen der Bundesbahn bekannt unter dem Stichwort »hält nicht in«. Durch diesen Umstand sind sie auch relativ gut zu verorten. Was man vom benachbarten München nicht unbedingt behaupten kann, wenngleich hier grund-sätzlich alles hält, ja nahezu zwanghaft halten muß, was auf der Durchreise ist. Trotzdem weiß man nie so genau, wo dieses München gerade ist. Nicht, daß man die geographische Breite und Länge des Ortes nicht genau benennen könnte. Das schon. Es geht auch nicht darum, München den Status der Großstadt ab-zusprechen, wenngleich das für die Lebensverhältnisse nicht immer viel zu sagen hat. Das alte Lied vom Mil-lionendorf soll hier dennoch nicht angestimmt wer-den. Auch wenn immer noch viel dran ist, an der These von der agrarisch geprägten Agglomeration, die als Großstadt nicht wirklich greifbar ist. Und das liegt bestimmt nicht allein an den hundert Bauern, die auf dem Stadtgebiet von München noch ihrer Arbeit nachgehen und mit der Direktvermarktung von

Rindfleisch, Kartoffeln, Tomaten, Salat, Lauch und Radieserl dafür sorgen, daß der Grüngürtel um die Stadt herum nicht noch mehr mit Gewerbegebieten zugepflastert wird.

Nein, das Problem mit der Verortung Münchens hat vielmehr etwas mit den Jahreszeiten zu tun. Während der Thann-Matzbacher in der Regel zum Arbeiten nach München hineinpendelt, ansonsten aber in Thann-Matzbach bleibt und nur gelegentlich nach Wasentegernbach hinüberfährt, neigt der gemeine Münchner dazu, seinen Standort dauernd zu verändern. Weil München aber in erster Linie von den Münchnern lebt, ist es schwer zu sagen, wo München gerade ist. Daher hilft nur ein Blick auf den Jahreskalender.

Im Frühsommer zum Beispiel reicht München bis zum Gardasee hinunter. Dieser wird zwar gemeinhin dem Staatsverband Italiens zugerechnet, ist aber nachweislich fest in bayerischer Hand. Kaum ist die winterliche Eisschicht aufgebrochen, bricht auch der Münchner auf, schiebt seinen Golf unter eine Reihe von schnittigen Surfbrettern und schmettert mit hoher Geschwindigkeit über den Brenner hinweg, um kurz nach dem Paß schön langsam in den Landeanflug zu gehen, weil er sonst an der Autobahnausfahrt Gardasee-Nord vorbeischießen würde. Das Ziel ist nicht eigentlich der See oder sein kultureller Reiz. Was geht den Münchner Goethe an. Oder Catull. Der Weg ist das Ziel. Genauer gesagt die Zeit, die man für den Weg zum Gardasee braucht. Alljährlich geht es also vor allem darum, die Rekordzeit für die Strecke München, Stadtmitte – Riva, Ortsschild um ein paar Minuten zu drücken. Ziel ist es immer wieder, in weniger als drei Stunden die 382 Kilometer von Tür zu Tür zu kommen, ohne dabei auf dieser pickerlpflichtigen Dauerbaustelle namens Österreich irgendwelche gelben Männchen oder hinterfotzige Radarfallen samt dazugehörigen Gendarmen über den Haufen gefahren zu haben. Manchmal klappt das auch. Endlich glücklich am Gardasee angekommen, zischt der Münchner seinen ersten Espresso, atmet tief durch, ganz so, als sei er endlich wieder zu Hause, und verbringt den Rest der Zeit auf dem Surfbrett, mit dem er ununterbrochen zwischen Riva und Torbole hin und her saust, bevor er seinen Golf schließlich wieder für den Rückflug anheizt und heimbrettert. So viel zum Frühjahr. Für den Hochsommer gilt eigentlich das gleiche. Nur daß der gemeine Münchner dann bis Rimini durchfährt, um dort nächtliches Highlife zu genießen und tagsüber auf dem Algenteppich der Adria seine malignen Karzinome zu pflegen. Der eher gebildete Münchner hingegen fährt in die Toskana, drückt sich ein wenig auf der Piazza del Campo zu Siena herum oder im Dom von Florenz, um dann möglichst schnell den Kulturteil zugunsten der Chiantiprobe hintanzustellen. Der ökologisch angehauchte Münchner mit Bildung macht das gleiche, nur angeblich mit dem Rad oder zu Fuß. Wenn er nicht gleich ganz in der Toskana bleibt, um dort zu töpfern und zu batiken.

Im großen und ganzen kann man also sagen, faktisch gelten von Frühjahr bis Herbst nach wie vor die Grenzen des Jahres 1808. Das heißt, Bayern reicht ungefähr bis zum Gardasee hinunter. Wer also im August einen Münchner treffen will, der muß sich auf den Brenner stellen. Dort nämlich steht fast die ganze Stadt im Stau selig vereint, wundert sich, wo all die anderen plötzlich herkommen, und sinniert darüber, wie schön kühl es wohl jetzt daheim im Biergarten wäre. Das ändert natürlich nichts daran, daß der Münchner im kommenden Jahr wieder an derselben Stelle in der Hitze braten wird. Was vermutlich daran liegt, daß er genetisch darauf programmiert ist, eine Urlaubsreise nur dann als eine solche wahrzunehmen, wenn sie mit einer Fahrt über den Brenner beginnt. Außer er fliegt nach Mallorca, wofür hat man denn den schönen großen Flughafen im Erdinger Moos draußen. Und so ist im August folgerichtig ein Drittel aller Münchner ausgeflogen, was dazu führt, daß der geographische Ort »48° 13' nördlicher Breite und 11° 50' östlicher Länge«, gemeinhin als München bekannt, auf wundersame und durchaus angenehme Weise entvölkert ist. Erst im September trifft sich dann wieder alles an der Isar, um bald darauf im Herbst gemeinsam zum Törggelen nach Südtirol hinunterzupilgern.

Im Winter, wie sollte es anders sein, zieht es den Münchner wieder in Richtung Süden, allerdings nur bis in die nahen Alpen. Zugspitz, Spitzing oder Brauneck heißen dann die Zauberworte, mit denen er seine Hausberge und Lieblingsskigebiete benennt. Er tut dies nicht nur, um anzuzeigen, daß er gern Ski fährt. Er tut es vor allem auch im Gespräch mit Norddeutschen, um so den Freizeitwert seiner Stadt deutlich zu machen. Meist erwähnt er dann wie beiläufig, daß er zwischen Dezember und März eigentlich jedes Wochenende auf dem Berg ist und daß er oft erst mittags losfährt, wenn sie ihn eben gerade mal so überkommen sollte, die Lust am Skifahren. Sätze, die seinem norddeutschen Gegenüber erfahrungsgemäß schlagartig die Neidesblässe ins Gesicht treiben. Schließlich kommt der geschätzte Skifreund unter Umständen aus dem niederrheinischen Wesel, bucht seine Ferien sechs Monate vor Reiseantritt und hat dann mit einer Nettofahrzeit von etwa acht Stunden zu rechnen. Kein Wunder, daß der blaß wird. Freilich, im Gespräch mit anderen Münchnern zieht Brauneck als Geheimtip hinter vorgehaltener Hand nicht mehr ganz so gut. Der eingeborene Skifreak müßte sich also schon etwas anderes, etwas ganz Besonderes einfallen lassen, um den Münchner Kollegen im Büro immer wieder aufs neue zu imponieren. Was nicht leicht ist, bei so vielen Skiexperten und so wenig Alpen. Das eigenartige ist nur, daß fast jeder Münchner immer noch einen Geheimtip drauflegen kann, und zwar jede Saison, sobald die ersten drei Flocken gefallen respektive von der Schneekanone abgeschossen worden sind. Meist kommt der Tip mit dem Zusatz: »A supa Schnää und fast koane Leid'!« Nun, glauben Sie's oder auch nicht! Es ist ohnehin egal, denn am Ende eines mehr oder weniger amüsanten Skitages treffen sich eh wieder alle auf der Autobahn bei Brunnthal.

An dieser Stelle noch ein praktischer Tip für den Fall, daß Sie sonntags mal einen kleinen Ausflug in das Umland machen wollen und am selben Abend wieder in die Stadt zurückkehren: Es ist egal, wo der Münchner war und wie lang er schon mit seinem Auto unterwegs ist. Er fährt grundsätzlich immer so, daß er am Sonntagabend zwischen fünf Uhr und sieben Uhr irgendwo zwischen Irschenberg und Holzkirchen in den Stau gerät. Das hat nichts mit mangelnder Lernfähigkeit des Münchners zu tun, sondern ist eher ein liebgewonnenes Ritual, das einfach zum Wochenende gehört wie der sonntägliche Tatort. Wenn Sie dessen Anfang also nicht im Stau verpassen wollen, machen Sie Ihre Ausflüge besser mit dem Zug.

Von solchen wiederkehrenden Verkehrsinfarkten einmal abgesehen, kann man ruhig behaupten, daß München ein lebendiger, pulsierender Organismus mit recht unterschiedlichen Ausbreitungsgebieten ist. Es entgrenzt sich andauernd und läßt, wenn auch nicht immer seinen Geist, so doch immerhin die rußgeschwärzten Fahnen seiner Kraftfahrzeuge über die Lande wehen. München ist mobil. Und der Münchner an sich eigentlich ein Nomade.

München von Kopf bis Fuß

*B*ei aller Liebe des Münchners zur Mobilität gibt es auch so etwas wie eine Kernzone. Jene Ansammlung von Häusern, Straßen und Grünzonen, die der Eingeborene oder Zugereiste mit Leben erfüllt, wenn er nicht gerade in Italien oder beim Skifahren am Spitzing ist. Von Großstadt wollen wir in diesem Zusammenhang aber nicht reden. Der Berliner Schriftsteller, Philosoph und Kritiker Ludwig Marcuse hat einmal den Begriff »dörfliche Großstädter« geprägt und über diese recht treffend gesagt: »Auch der Großstädter wohnt nie in einer großen Stadt, sondern in irgendeinem Dörfchen innerhalb von New York, London, Paris, Berlin.«

Das gilt auch für München. Es besteht aus vielen kleinen Dörfern, die mehr oder weniger lose zusammenhängen und dabei doch organisch miteinander verbunden sind. Sie alle haben nicht nur verschiedene Größen, sondern auch unterschiedliche Funktionen, die für das Gesamtgefüge mehr oder weniger bedeutend sind. Sie können sich das wie einen menschlichen Körper vorstellen. Die Kernzone München ist im großen so aufgebaut wie ein einzelner Münchner im kleinen. Diese Behauptung macht eine anatomische Untersuchung notwendig. Beginnen wir mit der Visite:

Stellen Sie sich einen echten Münchner vor. Nackt. Auch kein schöner Anblick, werden Sie jetzt vielleicht sagen, zumindest nicht beim ersten Hinschauen. Das macht nichts. Die Stadt München ist auf den ersten Blick, nämlich oberflächlich und an ihren Rändern betrachtet, auch nicht besonders reizvoll. Es bedarf eines genaueren Hinsehens. Also, ein echter, nackter Münchner: mit Hand und Fuß und Kopf und einer sauberen Wampen, einem von Hopfen und Schwein wohlgeformten Bauch. Nur den gamsbärtigen Trachtenhut und ähnlich folkloristischen Zierat müssen wir ihm vorher noch abnehmen. Auf die Stadt bezogen heißt das, wir kümmern uns nicht weiter um das Hofbräuhaus und vergleichbare Touristeneinrichtungen. Was anatomisch nicht zwingend ist, wird weggelassen und an die nächstbeste japanische Reisegruppe verschenkt.

Fahren wir fort mit der medizinischen Untersuchung. Und zwar oben am Kopf. Wo der beim Münchner idealtypisch zu verorten ist, dürfte ungefähr klar sein. Aber wo hat die Stadt ihren Kopf? Manche sagen: am Marienplatz, im Rathaus und bei der Verwaltung der Stadt. Was aber nicht sein kann. Bei 50 000 städtischen Angestellten in München wäre das ein richtiger Wasserkopf. Das ginge zu weit, unser Kopf muß also woanders hin.

Die bayerische Staatskanzlei, sagen viele, scheide für die Rolle auch aus, weil ein Kopf per Definition etwas ist, das in irgendeiner Form Intelligenz beherbergen muß. Das ist arg polemisch, und dennoch: Die Staatskanzlei eignet sich schon rein architektonisch viel besser für eine rustikale Schulter- und Nackenpartie samt kräftig entwickelten Oberarmen.

Aber wo ist der Kopf? Vielleicht ist er ein wenig randständig, zum Beispiel draußen im Südwesten, in Martinsried-Großhadern. Das Forschungszentrum für Biotechnologie, das dort entsteht, wäre dann das Gehirn Münchens. Klingt eigentlich vernünftig, andererseits: ein gentechnischer Kopf? Zum Schluß wird unser Modell-Münchner noch ein g'spaßiger Mutant. Dann hat er vielleicht bald zwei Köpfe, oder drei? Schaut auch nicht gut aus. Nicht einmal bei einem Bayern.

Auch das boomende Informationstechnologiezentrum im Nordwesten Münchens ist als Kopf nicht geeignet. Unser Anatomie-Münchner hätte dann einen Bildschirm auf. Das würde zwar gut zur Laptop- und Lederhosen-Philosophie der Nackenpartie, also der bayerischen Staatskanzlei, passen, verträgt sich aber nicht so gut mit den Erfordernissen des Fremdenverkehrs. Unser Münchner hätte dann statt eines Gesichts nur mehr eine Mattscheibe. Und so was ist in München nur ausnahmsweise erlaubt, nämlich bei Föhn.

Wir einigen uns lieber darauf, daß sich der Kopf Münchens in der Maxvorstadt befindet. Ein schöner Kopf, ein bißchen massig vielleicht, gravitätisch und etwas großspurig, genau richtig für Odeons-, Wittels-bacher-, Karolinen- und Königsplatz. Gewiß, es ist ein strenger Kopf, der prachtvoll, aber auch abweisend wirkt, wie die Ludwigstraße. Kunstsinnig ist er in jedem Fall, mit all den Pinakotheken, der Glyptothek, der Antikensammlung, der Graphischen Sammlung, dem Lenbach-Haus. Es ist aber auch ein kühl berechnender Kopf, mit Banken, Versicherungen, Konzernen, mit Post und Bahnverwaltung, Finanzämtern. Und es ist ein wissensschwerer Kopf, ein Zentrum der Forschung und Lehre, mit all seinen Universitäten. Das Gehirn Münchens wären demnach die Bibliotheken, Antiquariate und Archive in der Maxvorstadt.

Meistens ist es ein Segen, wenn ein Kopf noch Haare hat. Manchmal aber auch nicht. Der Schopf am Ende der Maxvorstadt, jenseits des Siegestors, heißt Leopoldstraße und reicht bis zur Münchner Freiheit hinunter: eine Art Föhnfrisur, die ein wenig aus der Mode gekommen ist und vorzugsweise von jungen Golffahrern aus agrarisch strukturierten Umlandgemeinden bewundert wird. Es ist ein typischer Vokuhila-Schnitt – vorne kurz(-atmig), hinten lang(-weilig). Sie wirkt etwas pomadig, stellenweise fast schon fettig, und leidet zu allem Unglück auch noch unter architektonischem Schuppenbefall.

Wenden wir uns den schöneren Körperpartien unseres Münchners zu. Dem Gesicht zum Beispiel. Es ist altehrwürdig, ebenmäßig und reich an optischen Feinheiten. Man kann sich gut vorstellen, daß es ein schönes Gesicht war. Früher einmal. Aber von Schicksalsschlägen wie Krieg und Bombenangriffen ist es nicht verschont geblieben. Manches Reizvolle an diesem Gesicht ist dabei ganz verschwunden, und ein paar Narben sind geblieben: der Jakobsplatz hinter dem Stadtmuseum zum Beispiel. Dort wird glücklicherweise künftig das jüdische Zentrum mit Synagoge, Gemeindesaal, Schule, Kindertagesstätte, Restaurant und Museum stehen.

Freilich, auch ein paar richtig häßliche Warzen und Beulen hat dieses Gesicht. So als hätten die Bomben nicht gereicht, hat man ihm architektonisch gleich noch mal eins drübergebraten. Solche Beulen stehen immer noch und heißen zum Beispiel Kaufhof. Trotz alledem, der architektonische Reichtum der Altstadt schafft nach wie vor ein Antlitz Münchens, das die ganze Welt kennt und liebt. Tagsüber wirkt dieses Gesicht sehr lebendig. Am Abend allerdings schläft es relativ flott ein. Es wird zwar immer wieder steif und fest behauptet, die Altstadt sei von Menschen bewohnt. Gesehen hat sie aber noch niemand. Wer nachts von einer Stadt etwas mehr als nur solide Straßenbeleuchtung erwartet – die gibt es in München übrigens schon seit 1729 –, ist hier jedenfalls falsch. Nach 20 Uhr wird aus unserem Modell-Münchner mit dem offenen und lebendigen Antlitz ein Schlaffi mit Gesichtslähmung.

Dafür werden abends Kehlkopf und Stimmbänder aktiv. Gut ausgebildet sind sie bei unserem bayerischen Athleten, dessen musikalisches und schauspielerisches Geschick in ganz Deutschland einen guten

Ruf genießt: Nationaltheater, Kammerspiele, Marstall-, Cuvilliés- und Residenztheater. Manchmal kann es freilich auch in diesen sensiblen Körperregionen zu Verstimmungen kommen, zum Beispiel, wenn unser Münchner einen Dorn verschluckt hat, der ums Verrecken nicht wieder raus will aus dem Kehlkopfbereich. Für solche Fälle hat man dann einen Kulturreferenten, der diesen Dorn quasi operativ entfernt. Ganz gelingt so was freilich nie, weil so ein Dorn hartnäckig ist und meist ganz in der Nähe wieder hängen bleibt. Die nächste Verstimmung ist schon programmiert.

Dafür hat er schöne, kräftige Lungen, unser Münchner. Den Englischen Garten, den Luitpoldpark, die zahlreichen Wälder rundherum. Sie sorgen dafür, daß er die schlechte Luft der Autos besser verträgt: Immerhin sind über 800 000 in der Stadt zugelassen, und zusätzlich kommen täglich 500 000 von außen dazu. Wenn der Straßenverkehr für München wirklich das sein sollte, was der Blutkreislauf beim Menschen ist, dann hat er Bluthochdruck, unser Münchner. Und der wird in den nächsten Jahren noch schlimmer werden. Auch wenn immer wieder versucht wird, Bypässe zu legen, in Form von Tunneln am Mittleren Ring. Es gibt Studien, die von einem Verkehrszuwachs von 60 Prozent bis zum Jahr 2015 sprechen. Klingt eher nach Infarkt. Da wird er sich was einfallen lassen müssen, der Patient.

Die Seele unseres Münchners ist die Isar. Eine

wilde, reißende Seele soll es einmal gewesen sein. Das zumindest behauptet der keltische Eigenname des Flusses, der früher gern über die Ufer trat und ganze Stadtviertel überschwemmte. Heute ist es mit der Wildheit nicht mehr weit her, übriggeblieben ist ein Seelchen. Die Naturschützer fordern schon seit langem mehr Wasser für die Isar. Weil man aber aus Wasser Strom und aus Strom Geld machen kann, haben sich die bayerischen Strom- und Gelderzeuger seit Jahren lieber für den Verkauf der Münchner Seele entschieden.

Ganz in der Nähe der Seele kann man bei unserer anatomischen Untersuchung auch das Tier im Münchner feststellen: In Hellabrunn ist einer der schönsten Zoos der Welt, der in München allerdings nie Zoo, sondern immer Tierpark genannt werden muß. Eigentlich sollte er besser Menschelpark heißen, weil sich der Münchner gern dorthin zurückzieht, wenn es einmal richtig mencheln soll: mit einer neuen Liebe zum Beispiel. Oder mit der mehr oder weniger lieben, alten Verwandtschaft.

Apropos alte Verwandtschaft: Unser Modellathlet hat stellenweise schon einen leichten Buckel, einen Rundrücken infolge von Überalterung. Im bürgerlichen Lehel und im herrschaftlichen Altbogenhausen hat man manchmal den Eindruck, daß es viel mehr Alte als Junge gibt. Und in Laim ist laut Statistik schon jeder fünfte Einwohner Rentner.

Ein Blick in die Innereien unseres Münchners verrät

uns etwas über seine Ernährungsgewohnheiten. Der Magen ist zweifelsohne ein sogenannter Saumagen, wie er bei Allesfressern mit Priorität auf Fleischgerichten recht typisch ist. Auf die Stadtkarte Münchens übertragen liegt dieser Saumagen im Schlachthofviertel. Der freilich hat es mit einer kräftigen Verstimmung zu tun bekommen, als bayerisches Rind- und Schweinefleisch in die Schlagzeilen gerieten und so manchen Konsumenten auf Vegetarisches umsteigen ließen. Für diese Beilagen stehen der Viktualienmarkt und der Stadtteil Sendling mit seinen Markthallen. Die Gegend zwischen Schlachthof und Großmarkt hat übrigens immer noch viel Charme. Sendling war früher ein Bauerndorf südlich der Altstadt; und wer die Lindwurmstraße hinausfährt und hinter der Sendlinger Pfarrkirche den Bauernhof stehen sieht, der ahnt es noch. 1877 wurde das Dorf aber eingemeindet und industrialisiert. Es entstand ein Arbeiterviertel, das Anfang des 20. Jahrhunderts riesige Markthallen beherbergte und der drittgrößte Umschlagplatz für Obst und Gemüse in Europa war. Auch heute noch spielt der Handel, vor allem der Großhandel, dort eine Rolle.

Was den Konsum angeht, muß man sagen: Manchmal übertreibt es der Münchner auch. Zuviel Fett, zuviel Fleisch, zu viele Hendl, aber vor allem zuviel Bier: Der Münchner ist inwendig völlig übersäuert, es kommt zu Magendrücken und Übelkeit. Das geschieht meist einmal im Jahr, im Spätsommer, und dauert knappe drei Wochen. München hat dann Sodbrennen. Man nennt es auch Oktoberfest.

Und weil wir gerade bei den Innereien sind: Manchmal liegen die auch weit draußen. Im fernen Osten zum Beispiel, da, wo früher der alte Flughafen war, liegt der Blinddarm Münchens. Er hat sonst keine näher definierte Funktion, nur manchmal droht er einfach durchzubrechen. Man nennt ihn auch Trudering.

Dieser Blinddarm ist ein schwerwiegendes gesundheitliches Problem für den Modell-Münchner. Seit dem Bau der U-Bahn-Tunnel gibt es in Trudering nämlich immer wieder Probleme mit dem Untergrund. Tiefe Löcher tun sich auf, und unseligerweise ist vor Jahren in einem solchen »Todeskrater« schon mal ein mit Menschen besetzter Bus verschwunden.

Und was gibt's noch in Trudering? Viel Grün, viele Ein- und Zweifamilienhäuschen, viele gutbürgerliche Beamte und Angestellte, viele Freiberufler, überdurchschnittlich viele CSU-Wähler. Blinddarm eben. Der Osten hat übrigens den geringsten Anteil an Ausländern in ganz München. Bei so einer Sozialstruktur würde wahrscheinlich der bayerische Innenminister persönlich mit der Schaufel anrücken und Trudering wieder ausgraben, wenn es einmal wirklich zum Blinddarmdurchbruch kommen sollte.

Wir wenden unseren Blick ab von den Gedärmen und betrachten die physische Erscheinung unseres Münchners. Es fällt auf, daß er stellenweise etwas unproportioniert ist. So ist zum Beispiel die Unterarmmuskulatur ein wenig verkümmert. Dieses proletarische Element war früher in den Vorstädten stark ausgeprägt, wo die Handwerksburschen und Industriearbeiter ihre Quartiere hatten. In Haidhausen und in der Au, oder in Giesing draußen. Für viele war dies der Inbegriff des echten München. Aber ganz schleichend sind aus den Arbeitervierteln Dienstleistungsgebiete geworden, die nur noch erahnen lassen, wie es einmal gewesen sein könnte, dieses vielbeschworene authentische München. Die Wohnungen waren unsaniert, die Mieten günstig, das Flair groß. Doch irgendwann entdeckte auch das Geld den Charme dieser Stadtteile, sie wurden Schritt für Schritt luxussaniert, und die Mieten stiegen kräftig an. Angefangen hat das mit Schwabing und Haidhausen, die beide schon in den siebziger Jahren zu sogenannten In-Vierteln wurden. Dann folgten Neuhausen, das Glockenbachviertel und Sendling. Als vorläufig letztes Opfer der Yuppifizierung gilt die Au. Und die kräftigen Unterarme findet man heute vielleicht eher am Industriestandort Obersendling, oder in Neuperlach.

Auch noch vorhanden, wenngleich schon ganz schön verkümmert, sind die Waden unseres Münchners, als Synonym für die bayerisch-bäuerlich-traditionellen Elemente des Schuhplattelns, samt Haferlschuh unten dran. In Aubing, in Unter- und Obermenzing, in Fürstenried und Forstenried zum Beispiel, überall dort, wo früher die alten Bauerndörfer standen, sind noch Reste vom Dorfkern zu sehen. Und stellenweise geht es dort auch noch ganz schön ländlich zu. Viel typischer für unseren Münchner ist aber der Bauch, den er vor sich herträgt. Es ist der Speckgürtel der

Stadt, zusammengesetzt aus den bürgerlichen und wohlhabenden Umlandgemeinden. Dieser Bauch prägt den anatomischen Gesamteindruck ganz wesentlich. Unser Münchner erscheint daher als ein etwas behäbiger, gut genährter Bürger, der seine Ruhe haben will und Bewegung in jeder Form scheut. Mit Ausnahme der Nahrungsaufnahme und des Geldzählens. Man könnte sogar sagen, dieser Bauch hängt so weit herunter, daß man ganz vergessen könnte zu fragen, ob direkt unterhalb dieses ausgeprägten Wohlstandszeichens auch noch so etwas wie Leben stattfindet.

Eine heikle Frage. Nun gibt es nicht wenige, die seit Jahren behaupten, München sei eine Stadt ohne Unterleib. Eine Stadt mit Sperrbezirk, ohne Rotlichtviertel, ohne richtiges Nachtleben. Manche gehen sogar so weit, unserem Münchner nachzusagen, er habe sich vor langer Zeit schon das Geschlechtsleben genommen, und interessiere sich, wenn überhaupt, für Sex nur noch ganz am Rande. Früher, da soll das anders gewesen sein. Im späten 18. Jahrhundert, so kann man nachlesen, lebte die Münchner Bevölkerung nur, um zu schmausen und zu huren: »Alle Abende ertönen die Straßen von dem Gesumse der Saufgelage in den unzähligen Schenken, welches hie und da mit einem Hackbrett, einer Leier oder einer Harfe begleitet ist. Wer nur ein wenig den Herrn machen kann, muß seine Mätresse haben, die übrigen tummeln sich um einen sehr wohlfeilen Preis auf den Gemeinplätzen herum.« Zur Jahrhundertwende, sagen die Kritiker, habe es wenigstens noch Schwabing gegeben, mit seiner Franziska von Reventlow, seiner Boheme und den rauschenden Atelierfesten. Und in den sechziger Jahren habe man wenigstens noch den Mythos vom »Mythos Schwabing« aufgekocht und sich erotisch ein bißchen dran gewärmt. Aber heute? Tote Hose! Dies gipfelt sogar in der Behauptung, außer dem Bauch gebe es beim Münchner gar kein hervorragendes Gliedmaß mehr. Rein anatomisch betrachtet muß diese Unterstellung zurückgewiesen werden. Bei genauester Betrachtung unseres Modell-Münchners sind im Genitalbereich noch Reste von funktionsfähigen Organen festzustellen. Wenngleich sie nicht immer leicht zu verorten sind. Im Kunstpark Ost draußen soll beim Münchner noch ab und zu etwas laufen, oder im Zustand der Volltrunkenheit, irgendwo hinter den Zelten des Oktoberfests. Wenn man sich unseren Parade-Münchner als Homosexuellen vorstellt, dann gibt es immerhin noch das schwule Glockenbachviertel, wo er sich ein wenig bewegen kann. Sagt man. Aber sonst? Er antwortet darauf nicht gern, der Münchner. Wir wollen unseren Patienten mit solchen Fragen auch nicht weiter behelligen. Vielleicht läuft doch mehr, als man gemeinhin vermutet. Gemäß dem altbairischen Grundsatz: Mit der körperlichen Liebe ist es wie mit der Wahrheit – wer sie hat, braucht nicht darüber zu reden.

Wir sind damit fast am Ende unserer anatomischen Untersuchung des Patienten. Nur eine Frage brennt uns noch unter den Nägeln. Sie ist nicht wirklich wichtig für den medizinischen Befund. Und doch ist sie spannend. Wo hat München eigentlich seinen Hintern? Die Antwort ist leicht: Pasing.

Bevor es jetzt Proteste aus dem Westen Münchens hagelt, sei gesagt, daß das nicht abwertend gemeint ist. Ein schöner Hintern ist schließlich eine Zierde, und man läßt sich gern darauf nieder. Dennoch muß der Vergleich kurz erklärt werden:

Pasing ist eine eigenständige Stadtgemeinde: Eigener Bahnhof, eigener Marienplatz, eigener Viktualienmarkt, es ist eigentlich alles sehr eigen in Pasing. Viel »Geschoßwohnungsbau« aus der Nachkriegszeit gibt es da und dazwischen immer wieder all die putzigen Ein- und Zweifamilienhäuser. Es ist nicht unbedingt urban, hat kein städtisches Flair, aber es ist praktisch und sehr gut durchmischt, was die Sozialstruktur angeht. Von vielem etwas, ja eigentlich alles, was man so braucht – der Pasinger ist sich in der Regel selbst genug. Und daher kommt es wohl auch, daß Pasing irgendwie mehr ist als ein Stadtteil. Es ist eine Weltanschauung, eine Art Wegscheid im Leben eines Münchners. Man könnte auch sagen, es ist die Pärchenfalle für den jungen oder auch nicht mehr so ganz jungen Mittelstand. Auch das muß kurz erklärt werden.

Wer in München studiert und dann anfängt zu arbeiten, der wohnt in einer lichten, hohen Altbauwohnung in Haidhausen oder in Neuhausen oder in Schwabing. Er ist ein sogenannter Single, geht viel aus, zum Essen, zum Tanzen, in Konzerte. Eines Tages passiert es dann. Unser junger Münchner paart sich, gründet eine Familie. Über kurz oder lang wird er vor der Frage stehen, ob er und seine Lieben in München bleiben wollen. Wegen der Kinder und des Gartens und der Luft und der Miete. Und überhaupt. Also wird er eines Tages hinausfahren aufs Land, nach Herrsching oder nach Dorfen, und wird dort Dutzende von Eigenheimen besichtigen, um schließlich eines Tages zu merken, daß er doch in der Stadt bleiben will, weil er es da draußen einfach nicht aushält. Zuviel Landluft! Weil aber schöne, große Vierzimmerwohnungen in der Innenstadt unbezahlbar sind, wird bei den langen abendlichen Diskussionen im jungen Familienkreis irgendwann das Wort »Kompromißlösung« fallen. Kurz danach kommt immer der Begriff »Reihenhausendstück« und danach unweigerlich der Ortsname Pasing. Weil junger Mittelstand per Definition kompromißbereit ist, werden sie also hinausziehen nach Pasing, wo man alles hat und alles kriegt, fast wie in der Stadt, und einen Garten unter Umständen noch dazu. Beim Hineintragen der ersten Möbelstücke ins neue Heim wird unser junger Münchner sich die Worte »Pasing« und »Reihenhaus« noch einmal vorsagen, und spätestens dann wird er wissen: Sein Leben hat sich verändert. Das vorläufige Endstück ist erreicht. Er läßt sich nieder. Und deshalb ist Pasing der Hintern von München.

Weil aber heute kaum mehr jemand seine Restlaufzeit in ein und demselben Endlager verbringen will, trennen sich unsere Kompromiß-Pasinger nach ein paar Jahren wieder und paaren sich neu mit einem anderen Kompromiß-Pasinger-Pärchen, das ebenfalls gerade seine Lebensabschnittsvereinbarung aufgekündigt hat. Es entsteht dadurch eine neue, größere Familie, die aus praktischen Gründen zwei oder drei oder mehr nahe beieinander liegende Reihenhausendstücke anmietet, damit Kinder und Mütter und Väter und Neukinder, Exfrauen und Exmänner einander so oft wie möglich sehen und füreinander da sein können. Man nennt das dann eine Pasinger Patchwork-Familie. Am Hintern Münchens ändert sich dadurch nichts. Er ist nur ein wenig dicker geworden.

Wenn wir am Ende unserer anatomischen Studie eine Art Fazit über den Zustand unseres Münchners ziehen wollen, dann kommen wir auf folgendes Ergebnis: Er hat einen großen, majestätischen Kopf mit einem erstaunlich guten Gehirn und einem schönen, nur leicht vernarbten Gesicht, mit leider etwas pomadigem Haar und einem allzu kräftigen Stiernacken, dafür aber mit einer schönen Stimme, relativ gesunden inneren Organen sowie etwas zu dünnen Armen und Beinen. Dafür hat er aber einen weit überhängenden Bauch und einen dicken Hintern. Nun, man muß zugeben, schön ist er nicht, oder zumindest nicht überall. Aber eigen ist er. Und sympathisch. Ein echter Münchner eben. Nur sein Herz, das hat man bisher immer noch nicht gefunden. Allen Suchaktionen und PR-Sprüchen von der Weltstadt mit Herz zum Trotz.

Umland ist überall

Auch wenn der Münchner, wie wir im vorigen Kapitel gesehen haben, einen sehr selbstgenügsamen Eindruck vermittelt, ist es keineswegs so, daß er den Kontakt mit der Außenwelt scheut. Schließlich läßt er sich kaum vermeiden. Deshalb geht der Münchner die Sache offensiv an. Er selbst drängt in die Welt hinaus und freut sich darüber, daß die Welt ihrerseits nach München hereindrängt. Zum Beispiel in Form von Touristen: 100 000 jährlich aus Japan, 150 000 aus Italien oder 300 000 aus den USA. Das allein ginge ja noch, schließlich reisen diese lieben Gäste irgendwann auch wieder ab. Im Gegensatz zu den anderen. Die bajuwarischen Verwandten des Münchners nämlich, die täglich kommen oder unter der Woche gleich ganz dableiben. Es sind die Pendler, die aus dem Umland, ja aus ganz Ober- und Niederbayern in die Stadt hereinfahren. Und hoffentlich irgendwann auch wieder hinaus, wird mancher sagen. Zu Unrecht, denn mal ganz ehrlich: Was wäre denn München ohne sein Umland, ohne seine wunderbaren Naherholungsgebiete und ohne die armen Neffen und Cousinen vom Land draußen, die kernigen Burschen und die reschen Madeln aus Kolbermoor oder Niederaichbach. Was wäre München ohne Ebersberg, ohne Dachau, Fürstenfeldbruck, Freising, Olching und wie sie alle heißen mögen? Eine richtige Großstadt, wird der urbane Spötter vielleicht an dieser Stelle einwerfen. Und doch muß die Antwort ganz nüchtern lauten: nichts! Oder fast nichts! Nur fünf Prozent von dem, was heute zum Stadtgebiet gehört, war einst das originäre alte München, also jene Residenzstadt mit Adel, Bürgertum und Handwerkern. Der Rest bestand aus den Bauerndörfern und kleinen Städten, die ihrer eigenen Gerichtsbarkeit unterworfen waren. Erst im 19. und 20. Jahrhundert hat München sie Stück für Stück geschluckt. Den Schluckauf ob dieser deftigen bäuerlichen Kost hat die Stadt bis heute allerdings nicht ganz losgebracht.

Aber es hilft nichts: München lebt vom Hinterland und das Hinterland von München. Eine eherne Schicksals- und Leidensgemeinschaft. Den echten Münchner wird bei diesen Sätzen wahrscheinlich der Schlag treffen. Denn traditionell verbindet ihn mit den Menschen aus dem Umland eine Haßliebe, die sich im »Derblecken«, also im Verulken der Landmenschen, ausdrückte. Die freilich revanchierten sich auf ihre Art und machten sich gern über die Hungerleider aus der Stadt lustig.

Zahlreiche Couplets von Münchner Volkssängern erzählen von diesem spannungsreichen Verhältnis. Gewidmet war der nicht immer milde Spott vor allem den Bauerntölpeln aus dem Umland, die in den

Augen der Städter zwar reich, aber strohdumm waren. Der »Gscheerte«, wie der Umlandbauer genannt wurde, kam zum Beispiel aus dem Dachauer Land, aus Garching oder Feldmoching, und reiste vorzugsweise zum Viehhandeln in die Stadt.

Ausgerechnet diese Umlandbewohner haben jetzt die Nase vorn. Eine kleine Revolution war es, die sich da unlängst ereignete und in München fast nur von Statistikern bemerkt wurde. Irgendwann im Sommer 1998 veränderte sich nämlich das Schwergewicht in der Region. Zum ersten Mal in der Geschichte waren die Landkreise des Umlandes nach Einwohnern in der Überzahl. Und das liegt bestimmt nicht nur daran, daß freie Plätze in Münchner Pflegeheimen so rar sind und deshalb immer öfter alte Münchner einen Pflegeplatz im weiteren Umland oder sogar weit weg, in Ingolstadt, Regensburg oder Rosenheim, bekommen. Es liegt vor allem daran, daß immer mehr Münchner hinausgezogen sind. Das Spannungsverhältnis Stadt–Land ist dadurch zwar ein wenig abgeschwächt, ganz verschwunden ist es aber nicht. In politischen Diskussionen zwischen dem schwarzen Freistaat und dem rot-grünen München kommt dies immer wieder zum Ausdruck. Wer tut mehr für wen? Wer zahlt die Rechnung? München lebe auf Kosten des Umlandes, klagen die Oberbayern. Und die Städter entgegnen: Jeder neunte Bayer ist Münchner, aber nur jede zwölfte Mark des Freistaats fließe in die Landeshauptstadt. Ein uraltes Spiel, das in Sommerlochzeiten immer wieder für eine Neuauflage gut ist.

Es läßt sich sogar zurückverfolgen bis ins Mittelalter. München lag mit Freising zum Beispiel schon im Clinch, als es München eigentlich noch gar nicht gab. 1158 brauchte der welfische Bayernherzog Heinrich der Löwe Geld und überfiel deshalb den zum Freisinger Hochstift gehörenden Markt Föhring, der an der bedeutenden Handelsstraße Salzburg–Augsburg lag. Er zerstörte kurzerhand die dortige Isarbrücke und errichtete den lukrativen Zollplatz ein paar Kilometer weiter flußaufwärts, bei der kleinen Siedlung Munichen. Dort richtete er auch Markt und Münzstätte ein, und das kleine unbedeutende Munichen konnte sich aufschwingen, im folgenden Jahrhundert eine Bürger- und Handelsstadt zu werden.

Der Straßen- und Brückenraub hat den Freisingern richtig gestunken, wie man sich vorstellen kann. Und man darf vermuten, daß sie sich dafür heute noch an den Münchnern rächen, indem sie am Wochenende all ihre testosterongebeutelten Jungmänner in tiefergelegten Kriegsfahrzeugen in die Stadt hineinschikken, damit sie dort über die Leopoldstraße fahren und allen Münchnern auf die Nerven gehen. Zur Verteidigung der Freisinger muß allerdings gesagt werden, daß nicht nur sie die Straßen an der Isar unsicher machen. Auch das übrige ober- und niederbayerische Umland trägt dazu einiges bei.

Für Sie als Besucher Münchens ist es deshalb wichtig, daß Sie sich im Straßenverkehr ein paar Grundregeln merken, um einigermaßen sicher durch die Stadt zu kommen. Zu jeder Tages- und Nachtzeit gilt die Faustregel: erhöhte Vorsicht bei Fahrzeugen mit dreistelligen Autonummern. Trägt der Fahrer zusätzlich einen Hut, besteht unter Umständen Lebensgefahr. Wichtig ist, daß Sie sich die Buchstabenkombinationen FFB, DAH und EBE merken. Das sind amtliche Kennzeichen, die für Fürstenfeldbruck, Dachau und Ebersberg stehen. Fahrer aus diesen Regionen des Münchner Umlandes sind berüchtigt für ihren knallharten Fahrstil.

So gefährlich der automobile Kleinkrieg der Landfahrzeuge in München ist, so amüsant kann er auch sein. Deshalb stellt sich der Münchner manchmal gern an den Stachus oder ans Isartor und schaut zu, wie ein FFB hupend und schreiend auf einen DAH oder einen EBE einwirkt, ihn vielleicht sogar einen blöden Bauernfünfer schimpft, der doch lieber auf dem Feld draußen bleiben soll, weil er das Autofahren in der Stadt eh nicht beherrsche und auch nimmer lernen werde. So etwas erfreut den Münchner. Da lächelt er, reibt sich die Hände und nimmt am Ende des Spektakels die nächste Trambahn: *Divide et impera* heißt seine verkehrspolitische Devise – solange sie sich nur gegenseitig ausbremsen, lebt er selbst in der Stadt noch einigermaßen sicher.

Völlig vorbei mit der Sicherheit ist es freilich, wenn die wildesten Verkehrsteilnehmer Deutschlands auf die Piste gehen: die Niederbayern. Bei selbstverschuldeten Unfällen führen sie alle Statistiken an. Völlig zu Recht lernte früher schon jedes bayerische Kind den überlebenswichtigen Satz in Form eines munteren Reims: »PAN, EG und GRI – geh weg, sonst bist hie!« Was sinngemäß übersetzt bedeutet: Sollten Sie einem Fahrzeug mit dem amtlichen Kennzeichen für Pfarrkirchen, Eggenfelden oder Griesbach begegnen, ist es aus sicherheitstechnischen Gründen erforderlich, den betreffenden Verkehrsteilnehmer großräumig zu umfahren. Andernfalls wird er Sie umfahren. Heutzutage ist die Situation dadurch vereinfacht, daß EG und GRI nicht mehr existieren, zumindest nicht als Autokennzeichen. Die Fahrer gibt es allerdings noch! Heute laufen jedoch alle Rottaler sinnigerweise unter dem Gefahrenhinweiszeichen PAN und sind meist schon von weitem am Fahrstil zu erkennen. Das Bild vom Niederbayern am Steuer rundet schließlich ein Leserbriefschreiber aus Vilshofen ab, der in der Passauer Neuen Presse im Sommer 2000 warnte: »Viele fahren sorglos in der Straßenmitte, als wären sie allein auf der Welt. Viele merken es meist gar nicht, wenn ihnen ein anderes Fahrzeug entgegenkommt, und erst im letzten Augenblick ziehen sie stark nach rechts, den Schreck merkt man ihnen deutlich an.«

In solchen Fällen hilft freilich nur noch beten. Ob der in Altbayern immer noch weitverbreitete Katholizismus Ursache oder Folge dieses Verkehrsverhaltens ist, vermögen wir an dieser Stelle nicht zu entscheiden. Wir wissen auch nicht genau, wie viele der jährlich etwa 130000 Geschwindigkeitsüberschreitungen in München von Niederbayern begangen werden. Wichtig für Sie als Besucher ist zu wissen, daß München eben nie nur München ist. Und daß in jedem echten Münchner potentiell ein kleiner Niederbayer steckt, der mit steifem Gasfuß die nächste Kreuzung anvisiert wie ein japanischer Kamikazeflieger das feindliche Ziel. Sagen Sie später nicht, Sie seien nicht gewarnt worden. Wenn es an manchen Tagen ganz besonders niederbayerisch zugeht auf Münchens Straßen, dann ist mit Sicherheit das Wetter schuld. Genauer gesagt der Föhn.

Das Leben ist Föhn – Münchner Wetter

*E*gal wann, wie und warum Sie in München an kommen, es wird mit hoher Wahrscheinlichkeit ein Wetter haben. Wobei wir schon bei einem nicht zu unterschätzenden Problem wären. Denn was das Wetter angeht, kann man sich in München auf wenig verlassen. Am wenigsten natürlich auf den Wetterbericht. Eigentlich können Sie nur einen einzigen Tip beachten, und der ist wirklich immer gültig: Ziehen Sie sich an! Alles andere gibt nur Ärger, außer Sie gehen zum Nacktbaden in den Englischen Garten. Die Frage aber, wie Sie sich anziehen sollen, ist so gut wie nicht zu beantworten. Denn in diesen Breitengraden gilt die eherne Faustregel: Egal, was Sie anhaben, es ist immer falsch. Zu warm, zu kalt, zu dünn, zu dick. Der Meteorologe nennt das Kontinentalklima der hohen Mittelbreiten. Der Volksmund nennt es Scheißwetter. Manchmal wenigstens. Im Klartext bedeutet das: Irgendwas fehlt immer. Oder ist zuviel. Was München angeht, ist oft der Regen zuviel. Im deutschen Städtevergleich zumindest kommt die bayerische Landeshauptstadt nicht so gut weg: 950 mm Regen fallen hier im jährlichen Durchschnitt, während

Berlin angeblich nur 560 mm, Hamburg 720 mm, Köln 670 mm, Dresden 680 mm und Frankfurt am Main 600 mm abbekommen.

Immer, wenn solche Werte zur Sprache kommen, jubeln Hamburger und Berliner und behaupten, der Standortvorteil müsse jetzt eigentlich bei ihnen liegen, weil es doch im Süden immer regnet. Der Münchner freilich sieht das gelassen, schließlich ist ihm klar, daß München bei Regen immer noch um einiges attraktiver ist als Hamburg bei Sonnenschein. Oder wie sonst wäre es zu erklären, daß laut Umfrage 34 Prozent der Bundesbürger am liebsten in München leben würden, hingegen nur 20 Prozent in Hamburg. Wie auch immer: Die Regenjacke sollte man jedenfalls nicht vergessen, und jammern sollte man auch nicht, wenn es wirklich einmal regnet. Halten Sie sich besser an den Philosophen Karl Valentin und seinen pragmatischen Optimismus: »Lieber ein Sauwetter als gar keines!«

Wobei man an dieser Stelle schon einmal kritisch nachfragen muß, ob er damit wirklich recht hatte. Könnte man nämlich eine München-Reise ganz ohne Wetter buchen, gegen einen Aufpreis von – sagen wir einmal – 200 Mark – es wäre ernsthaft zu überlegen. Allein schon finanziell würde es sich rentieren. Denken Sie nur an all die Tassen Kaffee, die Sie an einem verregneten Nachmittag grundlos in sich hineinschütten müssen, nur damit Sie einen trockenen Sitzplatz mit Blick auf den triefenden Marienplatz bekommen. Dann die Eintrittskarten für eine heillos überfüllte Alte Pinakothek, wo Heerscharen von regenfeuchten

Touristen vor irgendwelchen Tintoretto-Schlachtengemälden um ein trockenes Plätzchen kämpfen, damit
sie sich ein wenig aufwärmen können. Gar nicht zu
reden vom seelischen Schmerz, den Sie als Besucher
erleiden, wenn Sie den ganzen Tag in die griesgrämi-
gen Gesichter der Münchner schauen müssen. Das
müssen Sie allerdings bei fast jeder Witterung, weil
der Münchner beim Wetter eigentlich kaum zufrie-
denzustellen ist. Mal ist es ihm zu warm und zu trok-
ken, dann regnet es ihm schon viel zu lange, oder er
friert, weil so einen strengen Winter wie in diesem
Juli hat er ja noch nie erlebt. Und wenn es dann erst
einmal anfängt zu schneien ...

Dabei muß zur Verteidigung der Stadt und ihres Klimas gesagt werden, daß es hier nicht wenige wunderbare Tage gibt, vor allem im Spätsommer, wenn die
Temperaturen noch mild sind und sich im klaren Licht
bereits der Herbst ankündigt. Cabriowetter eben, und
das wird dann im ganzen Stadtgebiet sogar mit
freundlicher Miene goutiert. Oft scheint hier die
Sonne, während ganz Ober- und Niederbayern in
einer dicken Nebelbrühe versinken. Allerdings gibt es
auch erhebliche Unterschiede innerhalb der Stadt-
grenzen. Fleißige Meteorologen haben herausgefun-
den, daß die Sonne über dem Marienplatz im Winter
viel häufiger scheint als nördlich von Schwabing. Am
Stachus ist rund drei Wochen früher mit Frühlings-
gefühlen zu rechnen als etwa am Feldmochinger See.
Und quer durch Milbertshofen verläuft eine Wetter-

grenze, die Stadtteile wie das Hasenbergl mit durchschnittlich 65 nebligen Tagen im Jahr von der sonnigen Innenstadt trennt. Kein Wunder, daß solche Gegenden nicht zu den begehrtesten Wohnlagen der Stadt gehören.

Was jedoch nichts daran ändert, daß es eigentlich immer und überall etwas zu mäkeln gibt, wenn vom Wetter die Rede ist. Dieser Tatsache trägt die Rubrik Biowetter in den örtlichen Zeitungen Rechnung. Dort erfährt der Münchner, warum er völlig im Recht ist, wenn er wieder einmal seiner Umwelt auf die Nerven fällt. Selbst jemand, der noch nie in München war, kann sich wahrscheinlich vorstellen, wie gut die Stimmung in einer Stadt sein muß, in der an schlechten Tagen wirklich jeder ein langes Gesicht zieht. Spötter behaupten, die U-Bahn-Haltestellen seien in München deshalb so sauber, weil die Einwohner die meiste Zeit eine bis zum Boden reichende Lätschn (= Gesicht) wie einen toten Dackel hinter sich herziehen.

Dies ist natürlich übertrieben, denn eigentlich ist München ja eine freundliche Stadt. Weiß-blaues Gewölk zieht an vielen Tagen friedlich und heiter über die Dächer und tut so, als wäre nie was gewesen. Wenn da nur nicht jene perfide Erfindung namens Föhn wäre, mit der sich fast alles rechtfertigen läßt: von der einfachen Beschimpfung in der Trambahn, über Kopfschmerz und Gallenstein, Hunger, Durst, Trunk- und Streitsucht, Müdigkeit und Gschaftlhuberei, angeschwollene Krampfadern, Plattfüße, Hämorrhoiden, Meineid oder Fremdgehen bis zur Handgreiflichkeit mit Kampfkrug-Einsatz im Biergarten.

Lassen Sie sich dennoch nicht irreführen. Eigentlich gibt es ihn nämlich gar nicht, diesen Föhn. Manche Meteorologen sagen, daß er in München nur ganz selten auftritt. So was hört der Münchner freilich gar nicht gern. Weil in seinen Augen der Föhn nirgendwo so schlimm wütet wie über München. Und sein Menschenrecht auf schlechte Laune läßt sich der Münchner nicht einmal von einem dahergelaufenen Wissenschaftler verderben. Kurzum, es gibt ihn also doch, den Föhn. Er ist gewissermaßen Täuschung und Selbsttäuschung in einem. Was aber nicht weiter schlimm ist, weil ja alle an seine Existenz glauben und somit keiner wirklich getäuscht wird.

Der Föhn ist die Fata Morgana des Münchners – erst läßt er ihn alptraumhaft leiden an irgendwelchen Phantomschmerzen und dann spiegelt er ihm auch noch eine heile Welt vor. An Föhntagen kann der Münchner nämlich oft bis tief in die Alpen hineinblicken, wodurch die Hoffnung genährt wird, die Rettung von allem Übel dieser Welt liege im Süden und sei eigentlich zum Greifen nah. Weil der Münchner an solch föhnigen Tagen aber immer noch in München und nicht längst schon in den Alpen oder in Italien ist, steigert sich sein Grant auf den Föhn. Die Sache eskaliert regelmäßig. Am Ende ist der Münchner mit seinem Phantomschmerz auf alles sauer, auf den warmen Fallwind, auf sich selbst und vor allem auf die anderen. Man kann dem Münchner keinen Vorwurf daraus machen, daß er auf solche vermeintlichen Hinterfotzigkeiten des Klimas immer wieder hereinfällt. Das ist schon viel Schlaueren passiert, wie das Beispiel Heinrich Heines zeigt. Der hat sich nämlich genauso bezirzen lassen, als er eines schönen Frühlingstages in München-Bogenhausen von der Fata Morgana überrumpelt wurde: »Ich weiß nicht, aber ich glaube, auf der Terrasse zu Bogenhausen, im Angesicht der Tiroler Alpen, geschah meinem Herzen solch neue Verzauberung. Wenn ich dort in Gedanken saß, war mir's oft, als sehe ich ein wunderschönes Jünglingsantlitz über jene Berge hervorlauschen, und ich wünschte mir Flügel, um hinzueilen nach seinem Residenzland Italien.«

Jetzt, da Sie um die Fata Morgana wissen, müssen Sie sich ja nicht mehr täuschen lassen und können auch gut in München bleiben. Es hat viele Vorteile. Zum Beispiel muß man sich nicht impfen lassen. Auch wenn ab und zu die Meldung auftaucht, in den Münchner Isarauen seien Malaria übertragende Anophelesmücken entdeckt worden. Keine Angst! Auch wenn Sie wirklich mal einen sehen sollten, der ganz seltsam die Augen verdreht und lallend seinen Kopf auf den Biergartentisch fallen läßt. Es ist mit hoher Wahrscheinlichkeit kein Dengue-Fieber. Noch liegt München nicht in den Tropen, auch wenn es an manchen Sommertagen so scheinen könnte.

Wärmer soll es in Zukunft aber auf alle Fälle werden, auch an der Isar. Meteorologen sagen für die kommenden Jahre ein eher subtropisches Klima für München voraus. Prima, werden Sie jetzt vielleicht sagen, das ganze Jahr über fröhlich schunkelnde Eingeborene mit Baströckchen im Biergarten unter Palmen. Gewiß nicht reizlos. Aber Vorsicht, alles hat seine Kehrseite. Wahrscheinlich werden auch die City- und Fun-Biker, Inlineskater und Rollerblader endgültig wie Heuschrecken über die Stadt herfallen. Der Name Hauptstadt der Bewegung wird ganz neu erfunden werden. Jede Nacht wird Blade-Night sein, ganze Stadtteile werden von der Außenwelt abgeschnitten sein, weil Hunderttausende Rollschuhfahrer auf Kalifornien machen, bis der Rundkurs einen einzigen lückenlosen Kreis von gutgelaunten jungen Menschen auf Rädern ausmacht und die paar wenigen anderen, die es in dieser Stadt dann noch gibt, die werden rad- und ratlos am Rand stehen, weil sie nicht mal mehr über die Straße bis zum nächsten Tengelmann kommen. Also nehmen Sie zumindest Ihre Inlineskates mit. Die Klimakatastrophe hat längst begonnen. Auch in München.

Der echte Münchner?

Natürlich werden Sie sich auf Ihrem München-Trip nichts sehnlicher wünschen, als einen echten Münchner zu treffen. Das ist verständlich. Jeder möchte gern einmal was G'scheites sehen, und da drängt sich ein Münchner ja förmlich auf, weil er nicht umsonst in der ganzen Welt bekannt und ob seiner Eigentümlichkeiten unverwechselbar ist. Japanische oder kirgisische Schulkinder zum Beispiel, die einen echten Münchner zeichnen müßten, hätten wenig Probleme, die nötigen Attribute zu finden, mit denen dieser treffend darzustellen ist: Lederhosen oder Dirndl, Maßkrug, Gamsbart, Bierbauch, Schnupftabak und so weiter. Das ist auch gut so, weil die kleinen Japaner und Kirgisen beim Zeichnen dieser possierlichen runden Männlein und Weiblein die Angst vor dem Fremden verlieren. Irgendwie schauen die Klischee-Münchner nämlich immer ein bißchen nach Streichelzoo aus. Nun sind ja Japan und Kirgisien zumindest geographisch weiter weg als Hannover oder Hagen in Westfalen.

Die Klischees aber halten sich hier wie dort. Bedenklich ist nur, daß diese in Norddeutschland durchaus auch bei Erwachsenen noch anzutreffen sind. Was der Münchner in der Regel etwas herablassend mit dem Gefälle im bundesrepublikanischen Bildungssystem erklärt. Das ist aber allenfalls die halbe Wahrheit. Die Reduktion des Münchners auf eine Karikatur hat wahrscheinlich viel mehr mit tiefsitzenden Ängsten der Menschen aus dem Norden zu tun. Gern nähern sie sich nämlich dem Streichelzoo im wilden Süden und bewundern seine urigen Insassen. Gleichzeitig haben sie aber auch eine Heidenangst davor, daß er beißen könnte, schließlich gilt der Bayer an sich doch als wild, ungeschlacht und temperamentvoll bis aufbrausend. Diese Einschätzung des bayerischen Charakters hält sich wacker seit 1500 Jahren. Und wohl nicht ganz zu Unrecht. Schon der weitgereiste italienische Bischof Venantius Fortunatus warnte im Jahr 565 seine Leser vor einer Reise durchs wilde Alpenvorland: »Wenn die Straße offen ist und dir nicht der Baier entgegentritt, so ziehe dort durch das Gebirge, wo in der Nähe die Orte der Breonen liegen ...« Weil das Breonenland nach Auskunft des Venantius aber irgendwo am Inn lag, ist es sehr wahrscheinlich, daß der brave Kirchenmann seine schlechten Erfahrungen mit frühen Rosenheimern und Kolbermoorern gemacht hat. Was seine Warnung in jedem Fall glaubhaft erscheinen läßt. Selber schuld, kann man da nur sagen. Was muß er auch über Rosenheim fahren.

Die Münchner jedenfalls waren damals nicht gemeint. Sie hatten trotzdem nicht immer einen makellosen Ruf. Ende des 18. Jahrhunderts zum Beispiel erfaßte eine erste Reisewelle das Land, und dabei kamen auch einige Schriftsteller nach München.

So hat ein gewisser Kaspar Riesbeck, seines Zeichens Wanderschriftsteller aus Mainz, im Jahr 1783 ein eher ungünstiges Bild der Eingeborenen vermittelt: »Der Charakter der Münchner bliebe für mich ein Rätsel, und wenn ich auch noch viele Jahre hier wäre. Ich glaube, mit allem Grund behaupten zu können, daß sie gar keinen Charakter haben. Ihre Sitten sind so verdorben, als sie es in einem Gewirr von 40 000 Menschen sein müssen, die bloß vom Hofe leben und größtenteils auf Kosten desselben müßig gehen.«

Ob ihre Sitten wirklich noch so verdorben sind wie damals, darf bezweifelt werden. Daß der arme Mainzer aber aus den Münchnern nicht ganz schlau geworden ist, können wir auch heute noch gut verstehen. Für Fremde ist der eigentümliche Südländer manchmal einfach schwer zu durchschauen. Das liegt an der Art, wie ein Bayer Konversation betreibt. Und die studiert man am besten im halböffentlichen Raum.

Die Münchner Wirtshäuser – ja, es gibt noch ein paar in der Stadt – sind anders als englische Pubs oder Wiener Beisln. Auch von der norddeutschen Kneipe unterscheiden sie sich wesentlich. In ein Wirtshaus geht man nicht einfach hinein, setzt sich zu jemandem an den Tisch oder stellt sich an die Theke, um binnen zwanzig Minuten Freundschaft zu schließen und im Verlauf der nächsten zwei Stunden die eigene Familiengeschichte, den derzeitigen Kontostand und die durchschnittliche Koitusfrequenz zum Besten zu geben. Der Münchner – wir haben es an anderer Stelle schon erwähnt – ist auch im öffentlichen und halböffentlichen Raum der Stammlokale zunächst eher schweigsam. Gerade auf Menschen aus dem Norden der Republik mag es mitunter recht seltsam wirken, daß Münchner im Wirtshaus oft stundenlang nebeneinander sitzen und kaum ein Wort miteinander reden. Und mit Fremden schon gleich gar nicht. Dialoge, sofern sie überhaupt stattfinden, haben bei ihnen manchmal mehr mit rhythmischer Begleitmusik zum Trinken als mit der Vermittlung von Inhalten zu tun. Oft erinnert es an das Call-und-Response-Schema, das wir vom Gesang der schwarzen Baumwollpflücker aus Amerika kennen und aus dem der traditionelle Blues entspringt. Beim bayerischen Blues klingt es so:

»Jetzt sog aamoi wos! – Nnaa, i hob ja scho wos gsogt. – Dann vazoi an Schwank aus deina Jugend. – Na, i mog heid ned!«

Was wie Unhöflichkeit, Stoffeligkeit oder gar Stumpfsinn wirken mag, hat seine rituelle Ordnung, auch wenn schwer zu sagen ist, woher diese kommt. Wahrscheinlich hat er es einfach im Blut, der Münchner. Gemeint ist jetzt das Grundtemperament, nicht das Bier. Denn an der lähmenden Wirkung der Hopfengetränke allein kann es nicht liegen, das beweisen uns trinkfreudige und dabei auch noch redselige Volksstämme wie die Rheinländer oder die Iren.

Scheu ist der Münchner seinem Wesen nach eigentlich auch nicht. Was Fremde vielleicht zunächst an die Omertà erinnern mag, an das eherne sizilianische Mafia-Gesetz des Schweigens, hat andere Gründe. Der Bayer hat in der Regel nichts zu verbergen. Er ist auch nicht maulfaul, sondern weiß ganz einfach, daß seit Anbeginn der Zeit eigentlich alles Wesentliche gesagt ist. Dem ist nichts hinzuzufügen.

Deshalb muß Kommunikation hierzulande auch nicht immer gleich etwas mit Worten zu tun haben. Man schaut in sein Glas, schaut wieder auf, nickt zwischendurch vielleicht einmal oder räuspert sich, schaut wieder in sein Glas, streichelt seinen Rauhhaardackel – brav isser, da Buale! –, bestellt noch eine Halbe, nickt, und wenn dann die Zeit reif ist und die Sympathiewerte für das Gegenüber ins schier Unermeßliche gestiegen sind, darf durchaus mit einem altmodischen, aber nahezu emphatischen »Zum Wohlsein, Herr Nachbar« gerechnet werden.

Wer länger in München oder überhaupt in Bayern lebt, wird sich an solche Formen der nonverbalen Kommunikation gewöhnen. Wundern wird er sich dennoch zeit seines Lebens. Das darf er auch, nur thematisieren sollte er die bayerische Eigentümlichkeit nicht. So was tut man nicht, so was führt zu unangenehmen Situationen. Hierfür sei folgendes Beispiel eine Warnung.

Ein rühriger Münchner Journalist und Stammgast in einer sogenannten Szenekneipe der Innenstadt hatte eines Tages ein paar freche Zeilen über ebenjene Ein-

richtung geschrieben, die vorzugsweise von Zeitungs-
menschen, Künstlern, Möchtegernartisten, Cineasten
und anderen Randexistenzen des Kulturbetriebs
heimgesucht wird. Nicht nur, daß der versierte
Schreiber das Tomaten-Mozzarella-Baguette seines
Zweitwohnsitzes als »Brikett« bezeichnete. Das taten
die meisten, die einmal in den zweifelhaften kulinari-
schen Genuß dieses elektronisch erwärmten Gegen-
stands gekommen waren. Nein, er hatte sich zudem
noch erlaubt zu schreiben, daß man in dieser Kneipe
so gut wie nie mit jemandem ins Gespräch komme,
weil hier nur stocksteife und maulfaule Leute verkehr-
ten. Nicht einmal von der Bedienung werde man angesprochen. Nun muß an dieser Stelle gesagt werden,
daß der Kollege einer der hartnäckigen Vertreter jenes
Menschenschlages ist, der sich einen Abend lang an
den Tresen setzt, sechs oder sieben Weißbiere in seinen grazilen Körper preßt, dabei bis ein Uhr nachts
eisern auf dem Barhocker verharrt und sich dann nur
äußerst widerwillig aus dem Etablissement verzieht, ja
quasi unter Protest hinaustragen läßt, ohne die ganze
Zeit über auch nur unwesentlich mehr gesagt zu haben als: »Oane no!«

Ein echter Münchner also, gebürtig in Pasing, was
in diesem Fall wohl erschwerend hinzukommen
dürfte. Daß nun ausgerechnet so ein Gast sich coram
publico über die Sprachlosigkeit in Münchner Kneipen ereifern mag, hat den damaligen Wirt, einen red-
seligen Franken, etwas ungehalten werden lassen.
Auch wenn es vielleicht stimmte, schreiben dürfe man

so was auf keinen Fall, zwecks Geschäftsschädigung und überhaupt. Meinte der Franke. Wir wissen nicht, ob der Mann in seiner Wut insgeheim über ein Lokalverbot nachgedacht hat oder über einen Weißbierboykott gegen den Journalisten. Beides wurde in weiser Voraussicht nicht ausgesprochen. Weise war der Frankenwirt vor allem deshalb, weil er wohl ahnte, daß es für solcherlei Unbotmäßigkeiten eine höhere Instanz geben muß, die beizeiten ihre gerechten Strafen erteilt. Und so sollte es dann auch kommen.

Ausgerechnet in seiner Stammkneipe – wo auch sonst? – lernte der Journalist kurze Zeit später seine Zukünftige kennen, die sich als gebürtige Münchnerin von der Wortkargheit des Pasingers nicht abschrecken ließ und ihm eines Abends mit zäher Geduld zumindest so viel an Information entlocken konnte, wie für die Gründung einer Kleinfamilie notwendig war. Daß solch eine längerfristige Unternehmung faktisch einem unausgesprochenen Lokalverbot gleichkommt, muß hier nicht eigens erläutert werden. Jedenfalls sieht man den Journalisten nicht mehr ganz so oft am Tresen. Dafür redet er heute bedeutend mehr als früher: über Windeln und Windpocken. Ob es der geschätzte Kollege insgeheim manchmal bereut, zur falschen Zeit doch zuviel geredet und das Thema Kommunikation im halböffentlichen Raum am Beispiel einer Münchner Innenstadtkneipe mit so schwungvoller Feder und geradezu leichtfertig abgehandelt zu haben, wissen wir nicht. Über so etwas redet man nicht in München. Zumindest nicht im Wirtshaus.

Eines freilich läßt sich an diesem Beispiel schon ablesen: Es bedarf im Süden nicht vieler Worte, um in wesentlichen Angelegenheiten einen substantiellen Beitrag leisten zu können. Mag es manchmal auch dauern: Wenn er einmal was sagt oder tut, der Münchner, dann hat es am Ende meist Hand und Fuß. Der Kollege könnte ein Lied davon singen.

Was er natürlich nie machen würde. Denn anders als Iren, Rheinländer oder Franken, sind die Münchner kein sangesfreudiges Volk mehr. Früher soll das anders gewesen sein. Sollte Ihnen aber heutzutage in irgendeinem Lokal einschlägiges Liedgut wie »In München steht ein Hofbräuhaus, oans, zwoa ...« und so weiter entgegenschlagen, lassen Sie sich nicht irritieren, auch wenn die Sänger Kleidung tragen, die bayerischer Tracht sehr ähnlich sieht: Es handelt sich mit hoher Wahrscheinlichkeit um maskierte Menschen aus einem fernen Land, in dem auch Karaoke, roher Fisch und andere Eigentümlichkeiten hoch im Kurs stehen. Mit München hat es jedenfalls so gut wie nichts zu tun. Vor allem auch deshalb nicht, weil die erwähnte Hofbräuhaus-Hymne aus der Feder eines Berliner Kindls stammt. Wiga Gabriel soll die Melodie ausgerechnet im »Café am Zoo« eingefallen sein.

Den Münchner Urtyp des wortkargen, intelligenten, leicht eigenbrötlerischen, aber sensiblen Menschen haben wir schon kennengelernt. Im weitesten Sinn verwandt mit dieser Spezies sind auch der Bierdimpfl und der Grantler. Während jedoch der Bierdimpfl in der Regel ein durchaus unangenehmer und gelegentlich auch aggressiv streitlustiger, meist aber nur völlig dumpfer Zeitgenosse ist, hat der Grantler nahezu Philosophenstatus. Er ist nicht zu verwechseln mit dem Krattler. Das ist im Bairischen nämlich ein Schimpfname für eine heruntergekommene Person. Verwechseln Sie das bitte nicht, weil auf den Satz »Sie sind mir vielleicht ein alter Krattler« gibt es unter Umständen die »Schmiargel«, also eine handgreifliche Abreibung zu Ihren Ungunsten. Der Grantler hingegen ist ein Ehrentitel. Die Münchner Abendzeitung hat diesem an sich liebenswürdigen, etwas verschrobenen Zeitgenossen sogar ein Denkmal in Form einer täglichen Zeichnung im Blatt gesetzt. Herr Hirnbeiß ist ein alleinstehender älterer Herr mit rundem Kopf, Glatze, Schnurrbart, Bauch und selbstverständlich einem Zamperl, also einem Dackel. Hirnbeiß kommentiert aus Münchner Sicht die Dinge, die sich in der Welt tagtäglich abspielen. Das spezifische Instrumentarium für seine Kommentare ist der sogenannte bayerische Grant. Dieser hat nicht zwingend etwas mit schlechter Laune zu tun. Das wirkt nur manchmal so. Im Grunde aber ist der Grant viel mehr. Er ist eine Weltsicht, die der Urmünchner auch nicht einfach ablegen kann, bloß weil er einmal guter oder sogar bester Laune ist.

Der Grant ist eine Mischform aus Aberglaube und Pessimismus. Ist letzterer ein Stadium der geistigen Reife, weil die Vergänglichkeit alles Irdischen ja quasi an jeder Maß Bier stets aufs neue abgelesen werden kann, so weist der Aberglaube auf ein Weltbild hin, das mit bösen Geistern durchsetzt ist. Wenn ein Grantler an den Dingen herumnörgelt, dann nicht deshalb, weil er sie nicht schätzt. Im Gegenteil. Er nörgelt, weil er sie liebt. Das ist alles andere als widersinnig. Im Russischen zum Beispiel ist es üblich, hübsche Babys als besonders häßlich zu bezeichnen, damit keine bösen Geister anfangen, sich für das Kind zu interessieren. Deshalb grantelt der Grantler auch gern an München herum. Damit nicht allzu viele böse Geister über seine Stadt hereinbrechen mögen. Und im übrigen ist der Grant auch die beste, weil völlig legitime philosophische Begründung dafür, warum man nicht zu jedem Deppen freundlich sein muß.

Das Problem des echten Münchner Grantlers ist nur, daß es ihn so gut wie nicht mehr gibt. Dafür sind da um so mehr, die auf unangenehme Weise versuchen, ihn zu kopieren. Bayerntümelnde G'schaftlhuber und herumnörgelnde »Jetz red I«-Berufsmünchner, die ihre misanthropischen und xenophoben Gemütsverrenkungen als typische Art verkaufen wollen. Wenn die Stadt davor nur bewahrt werden könnte! Sie sind so typisch für die Region, daß sie schon lange in die Literatur eingegangen sind. Ehrgeizige, anbiedernde, kuschende Mitläufer wie jener Franz Flaucher in Lion Feuchtwangers Roman »Erfolg« oder wie der dauerbuckelnde »Anton Sittinger« von Oskar Maria Graf. Man kann ihn sich zuzeiten auch wie den Alfons Kobler in Horváths »Der ewige Spießer« vorstellen, einen, der opportunistisch und profitgeil stets nur an seinem persönlichen Vorteil orientiert ist.

Um den Unterschied noch einmal klarzumachen: Einer, der den grantelnden Münchner wie kein zweiter darstellen konnte, war der Münchner Schauspieler Walter Sedlmayr. Das tümelnde München war begeistert und applaudierte ihm regelmäßig. Bis er eines Tages erschlagen in seiner Schwabinger Wohnung lag. Kaum hatte sich nach Sedlmayrs Ermordung herausgestellt, daß er als Homosexueller dem Klischee seiner eigenen Rollen so gar nicht entsprach, distanzierten sich auch die sauberen Freunde aus Politik und Schicki-Micki. War Sedlmayr zumindest in seinen Rollen ein Original, so erwies sich manch anderer nur als schwache Kopie von Flaucher, Sittinger, Kobler und Konsorten. Die gibt es auch in München reichlich, bis ganz hinauf in die obersten Schichten.

Undankbar zu ihren Originalen war die Stadt freilich mehr als einmal: Oskar Maria Graf mußte noch nach dem Krieg feststellen, daß München ihn »saumäßig« behandle. Der heute ach so hoch gelobte Karl Valentin wäre nach dem Krieg fast verhungert, weil die Münchner seine Stücke nicht mehr hören wollten und all seine Bittschreiben an den Rundfunk und die Zeitungen unerhört blieben. Und die legendäre Therese Giehse wurde zusammen mit Erika Mann und den anderen Mitgliedern des Kabaretts »Die Pfeffermühle« 1933 aus dem Land getrieben. Wie so viele andere. Das Exil begann für sie – wie für die meisten Kulturschaffenden – schon daheim. In München.

Phantomsch(m)erz Schickeria

*W*ir kommen zu einem mehr oder weniger traurigen Abschnitt. Denn es gibt einen Toten zu beklagen. Wir stehen am Grab eines wahrhaft echten Münchners, der vor geraumer Zeit von uns gegangen ist. Der Schicki-Micki ist tot. Friede seiner Asche.

Denn zumindest als festen soziologischen Begriff gibt es diesen gutgelaunten Partydinosaurier nicht mehr. Und uns kommen fast die Tränen, bei der Erinnerung an jene Zeiten, als es noch echte Hofberichterstatter gab, die von all den Prinzen und Prinzessinnen auf ihren rauschenden Festen in Champagner badend zu berichten wußten.

Zugegeben, der Schicki-Micki war immer schon ein Phantom. Sein Begriff war bewußt diffus gehalten, weil die Mechanik des Spiels von jeher darauf aufbaute zu rätseln, wer gerade in ist und wer schon wieder out. Aber immerhin, das Spiel funktionierte in München leidlich, weil es einige Medien gab, die kurzerhand entschieden haben, wer dazu gehört und wer nicht. Und weil es auch noch zahlreiche Menschen gab, die ihr Leben lang völlig anonym in die Arbeit gingen und genau wußten, daß die öffentlichkeitswirksamste Aktion ihres irdischen Daseins die eigene Beerdigung sein würde. Es hat sich seither einiges geändert. Jeder Bankangestellte kann morgen schon der TV-Held im Land sein. Das Spiel ist schneller geworden, es gibt mehr glamourhungrige Zeitschriften und Fernsehanstalten. Aber wie immer bei Inflation, ist auch in der Unterhaltung der Wertverfall nicht zu vermeiden. Es ist kein Platz mehr für jene Möchtegern-Aristokratie, die in den siebziger und achtziger Jahren den letzten verzweifelten Aufstand gegen die Massengesellschaft geprobt hat. Ihre Geschichten sind alle erzählt, ihre Figuren längst Klischee, sie sind hundertmal verfilmt und parodiert. Der Schicki-Micki ist in das Zeitalter seiner medialen Reproduzierbarkeit eingetreten und hat sich dabei in nichts aufgelöst. Auch und gerade in München. Ein Kritiker aus dem Norden der Republik, der die Stadt seit langem kennt, hat geschrieben: »Das sprichwörtliche Schicki-Bussi-Publikum, ganz reizend in seiner unfreiwilligen Komik, wirkt bloß noch peinlich mit seinen Moshammers, Käfers und seinem öligen Geschäftssinn.«

Unfreiwillig komisch waren sie wohl schon immer. Heute sind aber nur mehr dauergutgelaunte Dienstleistungsdepperl für eine schier unersättliche Spaßgesellschaft übriggeblieben, ein paar mehr oder weniger gut maskierte Clowns. Der Münchner nimmt's zur Kenntnis und winkt beizeiten ab: »Na danke, mia san scho satt! Jeden Tag den Kaviar-Schmarrn, des muaß ned sei.«

Übriggeblieben sind aber auch Tausende von Adabeis. Die ganze Veuve-Clicquot-Entourage, jene Zahnanwälte, Werbefuzzis und Borderline-Medienmacher, im Schlepptau ihre Schlamperl in Schlangenleder, auf der dauernden Suche nach einem Parkplatz für den Porsche, die meist vergeblich bleibt, weil schon zehn andere Porsches dastehen, in Reih und Glied vor der Cocktailbar, die man daran erkennt, daß klanglose Eigennamen mit Apostroph und sächsischem Genitiv-s ein wenig aufgepäppelt werden. Auch wenn die Schickeria tot ist, hält sich München noch ein paar dieser Relikte aus der guten alten Zeit. Plüschdinosaurier, die Männchen machen dürfen, wenn die Rede auf die illustre Gesellschaft fällt.

Der ortsansässige Kleider- und Krawattenladenbesitzer Rudolph Moshammer ist in München ein Symbol und steht als solches unter Denkmalschutz. Aber wie es halt so geht, mit der Bavaria und anderen Baudenkmälern: An allem nagt der Zahn der Zeit. Auch am Mosi. Freilich, wo er auftaucht, da schmunzeln die Leute. Bei Theaterpremieren schreitet er nahezu majestätisch auf seinen Platz zu und grüßt winkend, während das übrige Publikum Beifall klatscht, für ihn und seinen Schoßhund Daisy. Man sollte dieses Klatschen nicht überbewerten. Wahrscheinlich sind insgeheim alle heilfroh, daß sie nicht den Sitzplatz direkt hinter der Pop-Diva erwischt haben, weil es im Windschatten der ausladenden Steckfrisur mit der Premiere schnell vorbei wäre.

Freilich weiß München auch, was sich gehört. Deshalb hält es die Erinnerung an seine verblichene

Schickeria in Ehren. München sagt Ja zu seinen Promis! Wir haben euch alle lieb, ihr Mosis und Beckis und Bobsis und Babsies und Uschis und ... und ... und. Schließlich braucht jede Stadt ihre mehr oder weniger glamourösen Helden. New York hatte zum Beispiel einen Rudolph Valentino. Als der 1926 überraschend verschied, hat man ihn in einem Hotel am Broadway aufgebahrt, und die berittene Polizei bekam Probleme, die kreischende Menge unter Kontrolle zu halten. Ganz so wild wird es an der Isar wohl nicht werden, schließlich sind die Münchner grundsätzlich anders als die New Yorker. Aber wer weiß, wenn der Mosi eines hoffentlich fernen Tages im Foyer des Vier Jahreszeiten ... Sie müssen dann übrigens nicht eigens nach München reisen. Es wird bestimmt landesweit im Fernsehen übertragen. Jedenfalls kriegt dann auch die Daisy ihre Nobelsuite in irgendeinem Tier-Jahreszeiten ... Und der Mosi sein Denkmal in der Maximilianstraße. Alles wird gut! Nur die Sache mit der Kunststoffperücke könnte ein Problem geben. Wird wahrscheinlich ein Entsorgungsfall für die Sondermülldeponie werden. Aber das ist dem Münchner der Spaß dann allemal wert gewesen.

Noch echter: der Zugereiste

W enn Sie durch die Straßen der Stadt gehen, werden Sie es vielleicht nicht auf Anhieb bemerken. Aber ein Münchner ist nicht gleich ein Münchner. Es gibt da feine Unterschiede. Da sind zum Beispiel die sogenannten echten Münchner, die streng getrennt werden müssen von den Zugereisten. Nun dürfen Sie sich das freilich nicht vorstellen wie ein Apartheid-Regime, wo es im Biergarten getrennte Eingänge und Freischankflächen für die Unsern und die andern gibt. Wenn Sie so was suchen, fahren Sie am besten aufs niederbayerische Land. München ist da weltoffener und subtiler. Zugereiste aus – sagen wir einmal – Osnabrück können sogar in der Stadtpolitik hohe Ämter übernehmen. Allerdings kann es schon passieren, daß sie nach ein paar Jahren wieder abreisen und mit leichter Resignation in der Stimme beklagen, daß diese Stadt im Grunde ja eh nur von einer Handvoll einheimischer Familien regiert werde. Was natürlich wieder einmal übertrieben ist: Zwei Hände voll werden es schon sein, schließlich »hamma ja an Pluralismus in Bayern«.

Jedenfalls gibt es die sogenannten echten Münchner, und das sind jene, die in München geboren sind, und zwar nicht etwa zufällig, wie man meinen könnte, sondern von langer Hand geplant, weshalb sie auch ein Leben lang so tun, als wäre das Münchner-Sein ihr ureigenes persönliches Verdienst, ja ihre göttliche Berufung. Sie werden das schnell erfahren, wenn in einem Gespräch mit einem solchen Münchner die Rede darauf fällt. Meist kommt ganz schnell der zarte Hinweis, daß man sich zwar nichts drauf einbilde, daß diese Spezies der echten Münchner aber heutzutage doch recht selten geworden sei. Nun, so selten sind sie auch wieder nicht, immerhin gehört ungefähr ein Drittel aller Stadtbewohner zur Gruppe der Privilegierten und darf sich mit dem Echtheitszertifikat schmücken. Übrigens erkennt man sie nicht selten auch daran, daß sie keinen vernünftigen bayerischen Satz mehr zusammenbringen. Im restlichen Bayern spricht man deshalb auch vom Isar-Preußischen, das in München gesprochen wird.

Innerhalb der Gemeinschaft der echten Münchner gibt es die »Ganz Echten«. Das sind jene, die so tun, als wären sie und ihre Vorfahren eigentlich schon seit Beginn der Schöpfung dagewesen, um jahrtausendelang nur darauf zu warten, bis Heinrich der Löwe, der ja auch bloß ein Zugereister war, endlich aufkreuzt, um die Stadt zu gründen. Diese »Ganz Echten« sind dann auch diejenigen, die beim Thema Zugereiste gern das Bild vom Salz in der Suppe Münchens bemühen, um ihren Vortrag regelmäßig in die Pointe münden zu lassen: Wer mag schon a versalzene Suppn?

Zum Glück sind das nur wenige. Die meisten echten Münchner mögen ihre Zugereisten, nicht zuletzt deshalb, weil sie ahnen, daß irgendwo im Dickicht des eigenen Stammbaums der Ober- oder Niederbayer lauert. Wenn nicht gar Schlimmeres. Und so gibt man sich versöhnlich, schließlich sind die anderen ja eh schon in der Überzahl. Mit diesem Wissen um die eigene zahlenmäßige Überlegenheit können Sie also getrost nach München fahren. Werden Sie Zugereister! Wenigstens auf Zeit. Sie werden sehen, es ist gar nicht schwer. Obwohl es natürlich auch beim Zugereisten feine Unterschiede gibt.

Da sind zum Beispiel die Altzugereisten, also diejenigen, die vor zehn oder fünfzehn oder noch mehr Jahren irgendwoher vom flachen Land gekommen und hängengeblieben sind. In den ersten zwei, drei Jahren fremdeln sie noch ein wenig und fahren am Wochenende noch oft heim. Eines schönen Tages aber entdecken sie diesen romantischen Sonnenuntergang hinter der Josephskirche oder den tiefblauen Münchner Nachthimmel über Sendling oder den eigentümlichen Reiz des Viktualienmarkts um fünf Uhr früh. Was dann in der Regel dazu führt, daß sie fortan mit verklärtem Blick durch München laufen und eine Liebeserklärung nach der anderen an ihre neue Heimatstadt ausstoßen. Eine weitere, zahlenmäßig nicht zu unterschätzende Gruppe sind die absoluten Frischlinge, die irgendeine obskure Zentralstelle zur Vergabe von Studien- oder Arbeitsplätzen erst kürzlich vom hohen Norden direkt an die Isar gebeamt hat. Sie können diese daran erkennen, daß sie einigermaßen schreckhaft auf die bekanntermaßen herb-charmanten Münchner Wirtshausbedienungen reagieren. Haben sie dann endlich doch noch ihr Bier bekommen, verdrängen sie den Schreck, indem sie versuchen, landesübliche Rituale zu karikieren. So wurden durchaus schon welche gesehen, die sich im Wirtshaus mit einem etwas wundersamen »A Guata« zuprosten, um anschließend in schenkelklopfendes Gelächter über die eigentümlichen Stammesrituale der Bayern auszubrechen. Solche Anpassungsstörungen legen sich freilich nach einigen Monaten. Dann tut es plötzlich auch ein normales »Prost!«, und die Betreffenden sind bereits auf dem besten Weg, Einheimische zu werden, ohne es selbst zu bemerken. Erst wenn sie ein paar Mal nach Wesel am Niederrhein zurückgekehrt sind und dort auf ihren bairisch anmutenden Tonfall angesprochen werden, bemerken sie die Veränderung. Und wenn irgendwann jedes zweite Wochenende Freunde und Verwandte vom Niederrhein an ihrer Münchner Haustür klingeln und sie dem Besuch nicht ohne Stolz »ihre« Stadt zeigen können, dann sind sie richtige Münchner geworden.

Gut so, denn München mag seine Preußen. Im großen und ganzen sind die Zeiten nämlich vorbei, als sogar Honoratioren im Nahkampf gegen den Erzfeind noch Hand anlegen mußten. So wie damals 1877, als das Neue Münchner Tagblatt berichtete: »Nicht ohne gewisse Heiterkeit bespricht man hier die köstliche

Art und Weise, wie man den hier versammelt gewesenen Naturforschern die altbayerische Höflichkeit demonstrirt hat. Bei dem Kellerfeste am Aktienbrauereikeller ahmte nämlich der Bürgermeister von Hamburg das Beispiel des Stadtbaurathes Zenetti nach und nahm von der Dekoration einen gemalten Schmetterling zum Andenken herab. Im nächsten Augenblicke war er von zwei Magistratsherren gepackt, zu Boden geworfen und an die Luft gesetzt. Der Herr Bürgermeister reiste am andern Morgen ab.«

Das Vorurteil von der Erbfeindschaft zwischen Bayern und Preußen ist jedenfalls längst widerlegt. Wie sonst könnte man sich erklären, daß als bayerischer Ministerpräsident ein Mann wie Edmund Stoiber gewählt wird, der ja in Anmutung, Auftreten und Charakter eher einem höheren preußischen Beamten unter Friedrich dem Großen gleicht als einem bayerischen Stammesfürsten. Also, ja nichts gegen unsere Preußen ...

Allerdings gibt es gravierende Ausnahmefälle, in denen der Münchner den Sammelbegriff »Preißn« in durchaus despektierlicher Absicht, nämlich im Zusammenhang mit dem Praefix »Sau-«, verwendet. Ein »Saupreiß«, meist in erweiterter Fassung mit dem Begriff »damisch« verwendet, muß sich übrigens nicht auf bestimmte Landsmannschaften beschränken. Der Begriff ist viel weiter gefaßt und umschreibt eher ein ganzes Bündel von Charaktereigenschaften wie »unangenehm und kleinkariert, geschäftig und wichtigtuerisch, autoritätshörig und hierarchiegläubig, arrogant und schnöselig«. Kurzum, es beschreibt einen richtigen Deppen, wie man ihn ab und zu sogar unter Bayern finden kann.

Wie Sie sehen, hat der Begriff eine stark subjektive Komponente. Was von Vorteil ist. Sie haben dadurch nämlich eine gewisse Wahlfreiheit, ja sogar ein Mitspracherecht. Sollte zum Beispiel in einer heillos überfüllten Trambahn ein Münchner fragen, welcher Saupreiß, welcher damische, da so viel Platz braucht, müssen Sie nicht unbedingt »Hier!«, rufen, nur weil Sie aus Berlin kommen. Es kann auch ein ganz anderer Saupreiß gemeint sein.

Ein Beispiel dafür, wie geographisch großzügig der Begriff verwendet werden kann, ist folgende Geschichte aus dem Jahr 1662. Damals bekam die bayerische Kurfürstin Henriette Adelaide einen Sohn und ließ aus Dankbarkeit und zu Ehren Gottes eine Kirche bauen. Leider war die Frau vorurteilsbeladen und hatte wenig Sinn für die Gefühle ihrer Untertanen, weshalb sie darauf bestand, daß unbedingt ein Italiener das Gotteshaus errichten müsse. Ihre Begründung: Die Bayern seien zu dumm, um so ein wichtiges Werk zu vollbringen. Es liegt auf der Hand, daß jemand, der so an die Einheimischen herangeht, unter Umständen als Saupreiß in die hiesigen Geschichtsbücher eingeht. In diesem Fall sogar als »Saupreiß, italienischer«, weil die bayerische Kurfürstin nämlich aus Turin stammte. Daran ändert auch die Tatsache nichts, daß die Münchner heute heilfroh sind darüber, daß sie ihre Theatinerkirche haben. Und wenn sie an lauen

Sommerabenden vom Hofgarten aus hinüberschauen auf diese eigenwilligen barocken Türme, dann sind sie insgeheim sogar ganz glücklich, daß seinerzeit keine Bayern, sondern Zuccalli und Barelli und der alte Cuvilliés Hand angelegt haben. Wie so oft in dieser Stadt, die sich deshalb heute auch als nördlichste Italiens glaubt feiern zu dürfen.

Womit wir bei einer anderen wesentlichen Gruppe von Zugereisten wären, bei den sogenannten Ausländern. Weil nach Karl Valentin der Fremde nur in der Fremde fremd ist, sind diese Ausländer eigentlich keine Ausländer und auch keine Fremden mehr, weil sie hier längst zu Hause sind und sich in der Regel auch heimisch fühlen. Seit in den fünfziger und sechziger Jahren die ersten Gastarbeiter nach dem Krieg in die Stadt gekommen sind, gehören sie zu München wie die Bavaria oder der Olympiaturm. Dies um so mehr, als sich viele von ihnen waschechte Münchner nennen dürfen, die in der Stadt geboren sind und manchmal besser Bairisch reden als die Münchner deutscher Abstammung. Daß manche ihrer Probleme auch heute noch ethnisiert werden, hat mehr mit ressentimentgeladener Politik mancher politischen Fraktion zu tun. Doch dazu später mehr.

Anfang des Jahres 2000 lebten 261 550 Ausländer in München, das sind 20,1 Prozent der Gesamtbevölkerung. Damit liegt München auf Platz 3 der multikulturellen Städteliste, hinter Frankfurt mit 28,6 Prozent und Stuttgart mit 23,7 Prozent. Berlin kommt übrigens erst an zwölfter Stelle. Es hat zwar rein zahlenmäßig die meisten Ausländer, nämlich über 430 000, die machen jedoch nur 12,7 Prozent der Berliner Gesamtbevölkerung aus. München darf sich also durchaus als weltoffene Stadt fühlen. Meistens wenigstens.

Wenn man übrigens die Statistik von 1999 befragt, woher die meisten Zugereisten aus dem nichtbayerischen Deutschland kommen, ergibt sich folgende Reihenfolge: Baden-Württemberg an erster Stelle mit knapp 6000 Zuzügen, gefolgt von Nordrhein-Westfalen mit 4400, Hessen mit 2500, Sachsen mit 2200, Niedersachsen mit über 1800 und Berlin mit 1780. Die Wanderungsbewegungen weg von München in die jeweils anderen Regionen sind in allen Fällen eindeutig geringer. Mit einer Ausnahme: dem Land Bayern. Nun könnte man daraus ableiten: Wenn er aber kommt, der Schwabe, Sachse oder Dortmunder, dann läuft der Münchner davon! Und zwar ins bayerische Umland hinaus. Aber nein, so einfach kann man es bestimmt nicht sagen: Schließlich ist das alles nur Statistik. Und noch sind ja genügend Münchner in der Stadt beziehungsweise werden täglich neu angelernt.

Womit wir bei einer wichtigen Frage sind: Wie akklimatisieren sich Zugereiste. Es gibt in der Tat ein untrügliches Zeichen dafür, ob jemand in München innerlich schon angekommen ist oder noch nicht: der Föhn und seine bereits beschriebenen katastrophalen Auswirkungen auf das Gemüt der Einheimischen. Der Föhn ist quasi die Eintrittskarte nach München. In den ersten drei Jahren seines Aufenthalts wird der Zugereiste unter Umständen gar nicht viel bemerken vom warmen Fallwind, der ja gar kein Wind ist, sondern eher ein Windstill. Der Zugereiste ist in dieser Zeit als Neumünchner noch in der Ausbildung, ein Lehrbub sozusagen. Deshalb nimmt er den Föhn gar nicht erst wahr. Nach ungefähr drei Jahren aber, wenn das nötige Sensorium ausgebildet ist, macht er seine Gesellenprüfung. Eines Morgens wacht er auf, hat einen furchtbaren Schädel auf, raunzt seine Mitmenschen an und murmelt beiläufig etwas von Föhn. Er ist angekommen. Welcome to the Club.

Natürlich hat es auch immer wieder hoffnungslose Fälle von Zugereisten gegeben. Jener Hamburger Gymnasiallehrer zum Beispiel, der sich in München anscheinend so unwohl fühlte, daß er im Geist gleich das ganze Abendland untergehen ließ. Oswald Spengler hieß er, und Kulturkritiker war er aus Berufung. Wieder andere haben sich vom geistigen Klima der Stadt derart inspirieren lassen, daß sie erst München zur Hauptstadt ihrer Bewegung machten, um anschließend die Bewegung samt Stadt und dem ganzen Abendland in den Untergang zu reißen.

In München wurde Anfang des Jahrhunderts nämlich Weltgeschichte geschrieben. Und zwar von Zugereisten, schließlich hat der Münchner selbst für solche Kleinigkeiten wie die Weltgeschichte keine Zeit. Das überläßt er den anderen. Anstreichern, Postkartenmalern, Gefreiten. Einer dieser Postkartenmaler kam ursprünglich aus Braunau, quartierte sich 1913 in der Schleißheimer Straße ein und holte sich in München den letzten Schliff für seinen politischen Wahnsinn. Mit großzügiger Unterstützung, auch in finanzieller Hinsicht, durch das Münchner Bürgertum. Und er bedankte sich dafür bei München mit dem NS-Ehrentitel »Hauptstadt der Bewegung«. Auch wenn Berlin die politische Zentrale im Dritten Reich wurde, blieb München doch die »geistige« Hauptstadt und wichtigste kulturpolitische Bühne der Nazis. Es ist kein Zufall, daß die Pogrome der sogenannten »Reichskristallnacht« ihren Ausgangspunkt in München hatten. Die Stadt hat sich lange Zeit schwergetan mit dieser ihrer Geschichte, hat jahrzehntelang verdrängt. Erst in den neunziger Jahren hat sie angefangen, diese ernsthaft aufzuarbeiten.

Einige Jahre vor Hitlers Ankunft lebte in Schwabing noch einer, der große Geschichte gemacht hat. Ein gewisser Herr Meyer, der erst in der Kaiser- und später in der Siegfriedstraße wohnte. Recht unauffällig war er, der Herr Meyer, richtiggehend zurückgezogen lebten er und seine Frau in ihrer Schwabinger Wohnung. Aus gutem Grund: Der Mann hatte viel zu tun, schrieb unter anderem ein Buch, das grundlegend für eine Lehre wurde, die fast hundert Jahre lang die gesamte Menschheit in ihren Bann schlug. Wie eine Religion: Die eine Hälfte glaubte dran, die andere fürchtete sich davor wie der Teufel vor dem Weihwasser. »Was tun?« hieß das Büchlein, das in München entstand, geschrieben von jenem Herrn Meyer, der sich später auch Dr. Jourdanoff nannte, eigentlich aber Uljanow hieß und als Lenin in die Weltgeschichte einging.

In München erzählt man sich, daß dieser Lenin schon wußte, was er tun sollte. Abends soll er gern ins Hofbräuhaus gegangen sein, wo er regelmäßig seine drei Maß getrunken und ab und zu eine Watschn von der Bedienung eingefangen hat, weil er ihr an den Rock gegangen ist. Sagt man.

Wie Lenin lebten übrigens viele Revolutionäre um 1900 in der Stadt, und es gab gute Kontakte der Münchner Sozialdemokraten zu den russischen Emigranten. Leo Trotzki zum Beispiel schrieb über seine Münchner Zeit: »Während dieser Periode verbrachte ich einige Monate abseits von der russischen Emigration in München, das damals als die demokratischste und künstlerischste Stadt Deutschlands galt. Ich habe die bayerische Sozialdemokratie, die Münchner Galerien und die Zeichner des Simplicissimus recht gut gekannt.« Die russischen Revolutionäre genossen in der Münchner Bevölkerung große Sympathien. Nicht zuletzt, weil es in der Stadt selbst unterschwellig gärte. Erich Mühsam, Ernst Toller und Gustav Landauer waren 1919 schließlich die zugereisten Akteure, die diesen Gärprozeß politisch umwandelten: in die Räterepublik Bayern.

Zuvor aber trat natürlich noch jener unabhängige Sozialist und Pazifist auf die Bühne, der 1918 den Freistaat Bayern ausgerufen hat: Kurt Eisner. Nun möchte man meinen, daß das traditionsbewußte Bayern auf diesen Mann besonders stolz sein könnte, war er doch immerhin sein erster Ministerpräsident. Der Eindruck täuscht. Das konservative Bayern möchte den Juden

Eisner am liebsten ganz vergessen machen und hat ihn bis in die jüngste Zeit teilweise aufs übelste verleumdet. Als es Ende der sechziger Jahre darum ging, eine Straße nach Eisner zu benennen, verwies ein CSU-Stadtrat auf all die schönen Pflanzen, Tiere, Berge, Seen und Städte »im deutschen Osten«, nach denen man die Münchner Straßen doch auch benennen könnte. Und Mitte der achtziger Jahre diffamierte ein CSU-Landtagsabgeordneter den Zugereisten als »marxistischen Journalisten« und gab ihm in übler antisemitischer Absicht den frei erfundenen Namen »Eisner-Kosmanowski«. Als 1993 des 75. Jahrestags der Revolution von 1918 gedacht wurde, rief der bayerische Ministerpräsident Stoiber eine Gegenveranstaltung auf den Plan, um zu demonstrieren, daß Eisners Begriff vom »Freistaat« nichts mit dem der CSU zu tun hat. Haben wir uns fast schon gedacht. Eisners Mörder jedenfalls, der gebürtige Oberösterreicher Graf Anton Arco-Valley, wurde damals in bürgerlichen Kreisen als Held gefeiert.

Natürlich gibt es in der Münchner Geschichte auch weniger umstrittene Zugereiste. Die Liste ist lang und weist alle möglichen Künstler, Wissenschaftler und Gelehrten auf. Sie reicht von den spätmittelalterlichen Philosophen Occam und Marsilius von Padua bis zu Schelling im 19. Jahrhundert. Oder vom Gründer des modernen Bayern, dem Grafen Montgelas, über Schriftsteller wie Ibsen, Thomas Mann oder Max Halbe bis zu Malern wie Kandinsky, Jawlensky, Klee oder Macke. Nicht zu vergessen natürlich die Naturwissenschaftler und Techniker wie Alois Senefelder, der die Lithographie erfunden hat. Oder Georg Friedrich Ohm, der sich als Namensgeber für eine elektrische Einheit verewigt hat. Auch die Chemiker Justus von Liebig und Adolf Baeyer forschten und lehrten in München. Und, und, und …

München lebt von den Zugereisten. Also, auf geht's. Reihen Sie sich ein. Als Zugereister befinden Sie sich hier – fast – immer in bester Gesellschaft.

Glaubensfragen

Essen

Glaubensfragen sind heutzutage Geschmacksfragen. Und umgekehrt. Es läßt sich nicht gut über sie streiten. Was natürlich nichts daran ändert, daß immer kräftig und ohne spürbaren Erfolg über sie debattiert wird. Auch in München. Die zentralen Glaubensfragen, um die es an der Isar geht, drehen sich um Essen, Fußball und den lieben Gott. Und zwar genau in dieser Reihenfolge. Deshalb fangen wir auch mit dem Essen an. Hierzu sei folgendes gleich vorab bemerkt:

Der Münchner ißt in der Regel mit Besteck. Er tut dies, indem er Messer und Gabel, wahlweise auch den Löffel, zur Hand nimmt und den jeweiligen Nahrungsgegenstand so traktiert, daß dieser für den Zeitraum des Verzehrs mehr oder weniger auf dem Teller liegen bleibt. Ausnahmen bestätigen die Regel. Fingerfood zum Beispiel. Was erst in jüngster Zeit mit Tapas und Dim Sums so richtig hip geworden ist, hat in Bayern eine lange Tradition. Typisches Fingerfood sind zum Beispiel Radi (= Rettich), Brezn, Weißwürste oder Brathuhn, genannt Hendl. Auch Würste

werden gern mit den Fingern gegessen, allerdings
nicht die Schweinswürstl, weil die fettige Finger machen, was wiederum den Bierkrug verunstaltet, ja am
Ende gar wegen des öligen Films den Schaum zusam-
menfallen läßt, was dazu führt, daß der gemeine
Münchner, sein Bier nachahmend, für den Rest des
Tages gänzlich ungenießbar ist.

Womit wir auch schon bei einem anderen Stichwort wären: Ungenießbarkeit. Sie ist für den Münchner überhaupt kein Problem, weil er, wie ein bedeu-
tender Kenner des bayerischen Volkes einmal gesagt
hat, omnivor ist. Er ist also ein Allesfresser. Wer in
den alten Münchner Kochbüchern blättert, wird die
Bestätigung dafür finden. Blut-, Leber-, Weiß- oder
Schweinswürste, Züngerl, Lüngerl, Nierndln, Milz,
Hirn, Herz, Leber und Euter, Runkelrüben-,
Brenn-, Brot-, Bier- und Wurzelsuppen, Leber-,
Reiber-, Semmelknödel, Blau- und Weißkraut oder
wahlweise Kartoffelsalat zu Rinds-, Rost-, Sauer-
oder Schweinsbraten, respektive Hasen, Gänse und
Enten. Nicht zu vergessen Isarhuchen, Karpfen,
Brachsen, Forellen, Renken oder Hechte, frisch vom
ehemaligen Fischmarkt auf der Westenriederstraße.
Und nicht zu vergessen die beliebten Mehl- und Süß-
speisen mit ihren so klangvollen Namen wie Aus-
zogne, Bettelmann, Besoffene Jungfern, Dampfnu-
deln oder Hasenohren.

Die Alt-Münchner Küche war und ist deftig. Als
diätetische Lebensmittel gehen jedenfalls nicht alle
Speisen durch. Wozu auch? Allerdings ist bestimmt

nicht alles nach jedermanns Geschmack. Die bayerische Affinität zu Eingeweiden etwa. Man kann sich den Schock vorstellen, den die BSE-Krise hierzulande ausgelöst hat. Da war mit einemmal das Ende von Lüngerl und Münchner Weißwurst eingeläutet. Jedenfalls sind viele der Münchner Spezialitäten schwer aus der Mode gekommen. Und andere waren seit jeher umstritten, wie der Radi zum Beispiel, das Symbol des Münchner Brotzeitgenusses. Eine Glaubensfrage eben, auch damals schon, 1839, als Hoffmann von Fallersleben in die »düsteren schmierigen« Münchner Bierkeller kam, wo ihm beim »wühligen Gedränge und dem Heidenlärm« sehr unbehaglich war: »Wenn man die Tische sah voll Überreste des Bieres und dann die alten schmierigen Radiweiber, wie sie aus ihren schmierigen Taschen ein schmieriges Buchsbaumbüchschen, worin fünf Löcher, hervorholten und auf den schmierigen Tisch einige Körnchen Salz herausklopften, und wie der gute Bayer den Rettich verarbeitete, dann hatte man genug.«

Überhaupt war es mit der Münchner Gastronomie in der sogenannten guten alten Zeit nicht immer zum Besten bestellt. So stand im Neuen Münchener Tagblatt am 7. September 1878 zu lesen: »Die Fremden, welche hier gegenwärtig zahlreich verkehren, sind mit den Kunstschätzen und den sonstigen Genüssen, die Isar-Athen bietet, ausnehmend zufrieden – nur die culinarischen Genüsse wollen ihnen durchaus nicht behagen. Alles beklagt sich über die ›Münchener Küche‹ und meint, es sei bloß für das gute Fleischmaterial

Schade, das in den meisten hiesigen Gast- und Wirtshäusern allen Geschmackes baar zubereitet wird. So ein halb gesottenes Kalbfleisch, das den hochtrabenden Namen ›Kalbsbraten‹ führt, ist aber auch kaum zum Hinunterwürgen. Dazu kommt noch, daß für Schweins-, Kalbs- und Gansbraten die Soße eine und dieselbe ist, indem man sie der Bequemlichkeit halber zusammenmengt und dann für alle Braten aus einem Topfe schöpft. Was die Gemüse anbelangt, soweit man außer Kartoffeln überhaupt solche bekommt, so sind sie gewöhnlich unter aller Kritik, saft- und geschmacklos. Man stelle sich aber gleichwohl nicht vor, daß dieses Zeug sich durch Billigkeit auszeichnet, es ist so theuer wie in anderen größeren Städten. Wäre die Münchener Küche besser, so würden sich gar manche Fremde ohne Zweifel viel länger hier aufhalten.«

Sie können heutzutage getrost etwas länger bleiben, denn die Münchner Küche hat sich sehr verändert. Es ist für jeden Geschmack etwas dabei. Man könnte sogar sagen, es ist ein richtig buntes Durcheinander geworden. Spanisch, Koreanisch, Afghanisch, Böhmisch, Portugiesisch ... Die postmoderne Patchwork-Küche sozusagen. Und am besten von allem ein bißchen was, vorzugsweise Fingerfood, hier ein Häppchen, dort ein Schnäppchen, alles light, alles easy. Das bayerische Lüngerl paßt nicht zum Veuve-Clicquot beim Stehempfang in der Dior-Boutique. Und Schweinsbraten mit Knödel sind auch nicht das richtige zum Abendkleid aus rosa Chiffon. Für solche Anlässe gibt es an der

Isar die Nobelgastronomie, die den zeitgenössischen figur- und trendbewußten Einheimischen mit Nahrung versorgt. In den siebziger Jahren, als München noch richtig chic war und mit dem Titel »heimliche Hauptstadt Deutschlands« kokettieren durfte, da war auch die bayerische Küche »in«. Danach kam ganz Rossini-mäßig der Italiener ums Eck in Mode. Und heute? Asiatisch, Mexikanisch, Amerikanisch, viele spanische Tapasbars, wo es exotische Snacks bis zum Abwinken gibt. Sogar dem Schicki-Gastronomen Michael Käfer wird es manchmal zuviel, wie er der Süddeutschen Zeitung gestand: »Ich kann's manchmal nicht mehr sehen. Vor allem diese gemischten Büfetts, von allem etwas. Man sollte an einem Abend bei einem Konzept bleiben.« Wer würde dem Fachmann widersprechen wollen?

Auch die Portionen sind nicht mehr ganz so üppig wie früher. So kann mancher Gast beim Anblick eines kreolischen Fischspießchens auf Erdnußsauce sich des Gedankens nicht erwehren, der Wirt habe keine Lieferung bekommen und in seiner Not auf das Zierfischaquarium seines Sohnes zurückgegriffen. Der Münchner nimmt die Petitesse mit Interesse zur Kenntnis. Ein kleiner Trost bleibt ihm ohnehin immer: seine heimliche Liebe zu Klassikern wie Schweinshaxn mit Knödel und Kraut inklusive einer reschen Kruste und viel Soße. Diese Liebe wird der Münchner trotz Schweinepest, Pharmazeutika, BSE und was da sonst noch so kommen mag wohl nie ganz verdrängen können. Dann gibt es eben künftig die Bio-Sau! Sogar eingefleischte Vegetarier kann man noch gelegentlich beim Verzehr solcher Spezialitäten ertappen. Kein Wunder, denn dafür ist München eben auch berühmt.

Trendsport? Schon!

Nach der täglichen Grundsatzentscheidung für Sushi mit Kraut oder Leberkäs-Tapas heißt die zweitwichtigste Glaubensfrage, die den Münchner umtreibt: Wie hältst du's mit den Trendsportarten? Leider müssen wir zu unserem Bedauern auch in diesem Bereich feststellen, daß gute alte Traditionen stark in den Hintergrund gedrängt werden. Die Urmünchner Disziplinen wie Wettkampfjodeln, Fingerhakeln, Schmalzlerschnupfen, Noagerlzutzeln, Nosnramme-Schiaßn, Maibaumkraxeln oder Maßkrug-Weit- respektive Zielwerfen sind völlig out. Eisstockschützen gibt es in Nymphenburg auf dem Kanal noch ein paar. Die Rankel- und Rauf-Olympioniken sind alle Profis geworden und jetzt bei der Münchner Polizei für Oktoberfest-Einsätze zuständig. Und das Fensterln ist auch nicht mehr das, was es einmal war, vor allem nicht in Hochhausgebieten wie Neuperlach. Alles in allem kann man sagen, die Münchner Traditionsathleten leben recht zurückgezogen und lassen sich nur mehr zu bestimmten Stammesturnfesten blicken. Das Stadtbild beherrschen sie jedenfalls nicht mehr. Das tun jetzt die neuen Trendsportler.

Schaut man sich in den Straßen um, dann fällt auf,

daß der Münchner Sportsfreund heutzutage recht häufig Rollen unten dran hat. München ist nämlich die Hauptstadt der lustigen Bewegung. Inlineskater, Rollerblader, Mountainbiker! In allen Größen, Farben, Formen und jeden Alters. Eine Stadt läuft Amok. Wollen Sie Fünfzigjährige in Anzug und Krawatte auf einem Tretroller sehen? Kein Problem, stellen Sie sich in Schwabing an die Straße, und warten Sie bei einigermaßen schönem Wetter nur zehn Minuten ... Sie müssen nicht mal Geld reinwerfen, der tritt ganz von alleine.

Eines scheint sicher, es muß sich bei all diesen Lustigsportlern doch in erster Linie um Zugereiste handeln: »Hessen auf Rädern« oder so. Denn der Bayer an sich würde nie ohne Grund laufen oder mit Rollschuhen herumfahren. Allenfalls, wenn er auf der Flucht ist. Zum Beispiel vor Joggern oder Rollerbladern.

Ein richtig echter Münchner Trend aber ist in den vergangenen Jahren das Radfahren geworden. Wobei gleich dazugesagt werden muß, daß der gemeine Münchner eher nicht auf die 300 Kilometer Gewalttour im hautengen Arsch-frißt-Hose-Stretch-Anzügerl, Modell Rudolf Scharping, steht. Im Gegenteil: An der Isar wird eher eine Tour de Nonchalance gefahren. Der Münchner ist nämlich ein Meister der Kurzstrecke. Die reicht oft nur ein paar Kilometer, meist vom Odeonsplatz durch den Englischen Garten bis zum Aumeister, wo sich der völlig verausgabte Athlet im Biergarten bei der wohlverdienten – nein, nicht Radler-! – Maß ausruht.

Das eigentlich Kräfteraubende bei solchen Touren ist nicht etwa das hohe Tempo, sondern die angestrebte größtmögliche legere Langsamkeit, die oft so weit getrieben wird, daß der Fahrer kurz vorm Umfallen ist. Dazu kommt noch, daß er häufig mit dem Kopf wackelt und mit einer Hand winkt. Dieser Fahrstil führt natürlich zu einer relativ großen Schwankungsbreite auf den Radwegen, und so mancher Münchner macht auf dem Hinweg schon den Eindruck, als käme er gerade vom Aumeister. Dabei ist er bestimmt kein schlechter Fahrer, und Alkohol ist auch nicht unbedingt im Spiel. Es ist vielmehr eine neue Trendsportart, die mit großer Leidenschaft gepflegt wird und von Münchens größtem lebenden Radsportler ins Leben gerufen wurde. Dies will kurz erklärt sein:

In München heißt der Radfahrer eigentlich Radlfahrer. Oder kurz Radler. Will man es noch kürzer und trendiger benennen, dann sagt man heute ganz einfach: Ude. Das Wort stammt übrigens aus dem Münchnerischen, obwohl es etymologisch eher auf einen mongolischen Ortsnamen schließen läßt. Und wer weiß, vielleicht ist der Hang zur Ruhelosigkeit, dieses Nomadisieren auf dem Fahrrad, irgendwie ja doch das Erbe mongolischer Reitervölker. Soviel wir heute wissen, kommt der Begriff aber vom Eigennamen eines Münchners, der der berühmteste Radlfahrer der Stadt und nebenbei auch noch ihr Oberbürgermeister ist: Christian Ude. Der Mann ist als Radfahrer so berühmt, daß er zwar – leider! leider!

– noch kein eigenes Denkmal bekommen, aber immerhin schon ein eigenes, recht launiges Buch über das Radfahren im urbanen Raum veröffentlicht hat: »Stadtradeln« heißt es kurz und bündig.

Darin erzählt er, der Titel deutet es ja schon an, wie er mit dem Radl sonntags durch die Stadt radelt. Genauer, er fährt durch Schwabing, lächelt unablässig und grüßt alle Leute. Weil diese Form der Freizeitbeschäftigung so untrennbar verbunden ist mit der Person des Oberbürgermeisters, nennt der Münchner seinen neuen Lieblingssport einfach nur: »Herum-Uden«. Oder in seiner trendsportlichen Variante auf Neudeutsch: Uding!

Das Uding-Taschenbuch schmückt übrigens eine Banderole, die den Uding-Papst selbst auf einem Fahrrad zeigt. Auffallend ist dabei sein Lächeln. Und sein Oberlippenbart. Läßt dieses Lächeln immerhin darauf schließen, daß Uding gesund ist, Spaß macht und den Körper mit Glückshormonen überflutet, bleibt die Sache mit dem Bart für Laien einigermaßen unergründlich. Nur wer im Sommer selbst schon einmal durch den Englischen Garten ge-udet ist, kann erahnen, warum dieser Mann einen solchen Bart trägt. Weil München nämlich eine grüne Stadt ist und Myriaden von Mücken hat. Udet der Uding-Sportler unvorsichtigerweise ohne seinen Uding-Bart, fliegen ihm dauernd die Fliegen in den Mund hinein.

Sie sehen selbst: Das ist mehr als nur ein Trendsport. Es ist bitterer Ernst. Wie das Leben eines Kommunalpolitikers. Freilich, sagen Sie jetzt vielleicht, bei aller Liebe zu Sport und Politik, aber das ist doch alles noch lange kein Grund, sich einen solchen Oberlippenbart wachsen zu lassen. Damit haben Sie im Prinzip auch recht. Aber erstens hat ihn ja noch nie jemand oben ohne gesehen. Und zweitens: Was soll der arme Mann denn tun? Nur grüßen, ohne zu lächeln? Oder nur noch lächeln, ohne zu grüßen, dafür aber ständig die Mücken aus dem Gesicht wedeln? Möchten Sie so Ihren Sonntag verbringen? Oder noch ernster gefragt: Gewinnt man so Wahlen?

Sie sehen selbst, wie komplex es ist, in München richtige Stadtpolitik zu machen.

Aber allen Schwierigkeiten zum Trotz ist diese spezifische Form der Radlfahrerei im urbanen Raum so populär geworden, daß der Oberbürgermeister regelmäßig über 60 Prozent der Stimmen bekommt und Uding zur beliebtesten Freizeitbeschäftigung der Münchner geworden ist. Wenn Sie also demnächst hier zu Besuch sind, dann schnappen Sie sich ein Radel und uden Sie ein wenig herum! Fahren Sie langsam durch die Stadt, lächeln Sie so breit wie möglich, nicken Sie dazu mit dem Kopf, abwechselnd mal nach links und mal nach rechts, wo Sie eben gerade irgendwelche Bürger vermuten, und sagen Sie von Zeit zu Zeit laut und verständlich »Grüßgottgrüßgott«. Bei der Gelegenheit lernen Sie nicht nur die schöne Stadt, sondern vielleicht auch ein paar nette Münchner kennen.

Fußball

Allem Radeln und Joggen zum Trotz, im Grunde seines Herzens ist der Münchner faul. Auch und gerade beim Sport. Deshalb ist es kein Zufall, daß der Weltrekordhalter im Pfahlsitzen aus der bayerischen Landeshauptstadt kommt: Auf 2423 Stunden hat es der gute Mann gebracht. Nun ja, der Münchner sitzt eben gern herum, wenngleich ihm in der Regel eine Biergartenbank lieber ist. Beim Laufen allerdings ist es so, daß er lieber laufen läßt. Für diesen Zweck gibt es in München auch die Trabrennbahn in Daglfing, die Galopperarena in Riem und zahlreiche Fußballmannschaften, die man bei der anstrengenden Tätigkeit beobachten kann.

Wenn es wirklich so sein sollte, wie der amerikanische Philosoph George Steiner sagt – und es gibt überhaupt keinen Grund daran zu zweifeln –, dann ist Fußball die letzte verbliebene Weltreligion. München wäre demnach ein ausgesprochen heiliges Pflaster. Ein wenig Ehrfurcht ist also durchaus angebracht, wenn Sie als Besucher in die Fußballhauptstadt Deutschlands kommen. Denn immerhin haben sich gleich drei hochrangige Glaubensgemeinschaften an der Isar niedergelassen, die jedes Wochenende ihre Pilger um sich scharen. Der FC Bayern, TSV 1860 München und die Spielvereinigung Unterhaching, wobei letztere zwar nicht mehr eigentlich zum Stadtgebiet gehört, aber aus lokalpatriotischen Gründen kurzerhand eingemeindet wird. Vor allem seit die Hachinger den Bayern die Meisterschaft 2000 gerettet haben, sind sie in der Gunst vieler Münchner gestiegen. Und zugleich gefallen. Denn die Fans vom Bayern-Erzrivalen TSV 1860 werden dies den Umlandfußballern aus Unterhaching nie verzeihen.

Die einzig wirkliche Gemeinsamkeit aller drei liegt darin, daß jede der Glaubensgemeinschaften vorzugsweise samstags um 15 Uhr 30 ihre elf Apostel auf die grüne Wiese schickt, damit sie mit Händen und vor allem Füßen ihrem Gott huldigen können. Daß dieser Gott immer ein und derselbe ist, nämlich rund und aus Leder, scheinen nur die Apostel selbst und die Hohenpriester der Glaubensgemeinschaften zu wissen. Die breite Masse der gläubigen Fans weiß davon nichts. Sie geht bei ihren Wallfahrten zu den heiligen Stätten davon aus, daß letztlich nur ihre Apostel in der Lage sind, das göttliche Rund durch geschicktes Hantieren in die Pforte des Fußballhimmels zu befördern. Dies ist für den wahren Gläubigen auch die einzige und allein seligmachende Erlösung von allem irdischen Leid.

Und dafür hat er eine eigene Liturgie entwickelt. Wie schon bei den Mysterienkulten im Griechenland der vorhellenistischen Zeit werden in den Tempeln des Münchner Fußballs gern Hymnen gesungen. In der Glaubensgemeinschaft TSV 1860 München, die im Zeichen des Löwen steht, drehen sich solche Hymnen häufig um die magische Zahl »Sechzig«, die im Chor der Zehntausend lautstark gebrüllt wird. Der tiefere Sinn solch kabbalistisch anmutender Zahlenmystik besteht in der Verzauberung der gegnerischen Apostel. Aber vor allem in der Bekämpfung des rot-weißen Erzfeindes FC Bayern. Ein Zauber, der nicht immer gefruchtet hat, denn seit Jahrzehnten laufen die Blauen den Roten fußballerisch hinterher. Erst im Jahr 2000 gelang es den Löwen gleich zweimal, die Bayern zu schlagen. Ein Triumph, für den mancher Löwen-Fan ein ganzes Monatsgehalt opfern würde.

Nicht immer sind solche Begegnungen spannungs-frei verlaufen. Wie aus der Religionsgeschichte be-kannt, kommt es bei übersteigerten Heilserwartungen mit Alleinvertretungsanspruch gern zu Ausschreitun-gen fanatischer Gläubiger. Bis vor einigen Jahren gab es auch in München solche bewaffneten Wallfahrten, vorzugsweise wenn die Gläubigen von 1860 und Bay-ern direkt aufeinanderprallten, gemäß dem schönen biblischen Satz: »Die Lippen des Toren geraten in Streit, und sein Mund ruft nach Schlägen.« (Sprüche 18,6)

Auch heutzutage sind solche gemeinsamen Kirchen-tage, die »Großes Derby« genannt werden, üblich. In der Regel aber verlaufen sie unblutig, weil man sich auf eine Art ökumenischen Gottesdienst ohne Glau-benskrieg geeinigt hat. Was früher undenkbar war, ist heute gang und gäbe: Manche Menschen sind Mit-glied bei Bayern und Sechzig gleichzeitig. Der Münchner Oberbürgermeister zum Beispiel soll es so handhaben. Ja sogar der Löwenpräsident Karl Heinz Wildmoser ist beim FC Bayern eingetragen. Für einen echten Fan ist das natürlich ein Sakrileg sondergleichen, denn wir lernen im zweiten Gebot: »Wirf dich nicht vor fremden Göttern nieder und diene ihnen nicht. Denn ich, der Herr, dein Gott, verlange von dir ungeteilte Liebe.«

Die meisten Fußballgläubigen in München halten sich dran und dienen nur ihrem Verein. Was sozialpsychologisch recht interessant sein kann, weil diese Art der Zugehörigkeit etwas über die Wünsche, Ziele und Träume der Anhänger verrät.

Der FC Bayern gilt seit jeher als Glaubenshochburg der Großkopferten. Und das liegt bestimmt nicht nur daran, daß der bayerische Ministerpräsident wenn möglich keinen einzigen rot-weißen Gottesdienst versäumt. Das Image der Bayern hat mehr mit der Selbstinszenierung des Vereins zu tun. An der Spitze steht, Gott-gleich, der Kaiser und Papst des deutschen Fußballs, Franz Beckenbauer. Ein aus dem Arbeiterviertel Giesing aufgestiegener, dauerorakelnder Gentleman-Golfer, der an Karma, Wiedergeburt und vor allem an sich selber glaubt, nebenberuflich Handys verkauft und auch sonst immer was Schlaues durchzugeben hat. Zum Beispiel: »An manchen Spieltagen wünschte ich, ich könnte zu allen Spielen gleichzeitig gehen.« Ganz im Sinne des biblischen Satzes, der bei Jeremia 23 in nur leicht abgewandelter Version lautet: »Es gibt keinen Ort im Himmel und auf der Erde, an dem ich nicht wäre.« Weil Beckenbauer tatsächlich kurz vor der Gottwerdung zu stehen scheint, kann es nicht weiter verwundern, daß geheimnisvoll dahingeraunte Sprechblasen wie »Schaug ma mal, dann seng ma's schon« mittlerweile wie göttliche Offenbarungen gehandelt werden. Der Gott-Kaiser hat gesprochen, so sei es dann auch, denn Sein Wort ist Gesetz im deutschen Fußball.

Der gemeine, hochgläubige Bayern-Fan wirkt übrigens nicht ganz so mondän wie sein Papst. Als im Mai 2000 der Apostel Matthäus zu seiner Missionsreise nach Amerika entlassen wurde, gab der FC Bayern ihm zu Ehren ein Fest, mit viel Trara und rauchenden Wunderkerzen, mit einem verschnupften Fußballgott Diego Maradona und diversen Popgrößen, die eigens eingeflogen wurden. Ganz so wie sich der kleine Ulli die große, weite Welt vorstellt. Diese Münchner Version vom Global Playing steht nur scheinbar in Kontrast zur eher ländlich geprägten Herkunft der FCB-Fans, die in der Südkurve fröhlich Transparente schwangen. Gaimersheim, Vaihingen/Enz, Lorch, Höslwang, Selters/Taunus – sie alle grüßen ihren FC Bayern und seinen scheidenden Apostel Matthäus. Bayern ist und bleibt ein Global Player mit flächendeckender Provinzbodenhaftung. Allerdings einer recht gut organisierten. Der Devotionalienhandel Rot-Weiß gehört wohl zu den einträglichsten in Deutschland und der Welt. Und so gibt es nicht wenige Münchner, die fest davon überzeugt sind, daß das einzige und oberste Glaubensgebot dieser bundesdeutschen Erfolgsmaschine FCB heißt: »Das Geld gewährt alles.« (Prediger 10,20)

Wesentlich weniger Geld, dafür manchmal noch mehr Sinn für Show und Skandale hat der Bayern-Gegenspieler TSV 1860 München, der vor einigen Jahren drittklassig spielte. Der Archetyp aller 1860-Gläubigen ist der Giesinger Vorstadtproletarier. Ein trauriger Held, ein ewiger Loser, ein echter Lower-class-Münchner, der allem und jedem zum Trotz Rückgrat beweist und nie aufhört, an seine Löwen zu glauben, selbst wenn sie eines Tages in der Kreisliga spielen sollten. Denn nur dort, in der Hölle, erweist sich, wer ein wirklich echter Löwe ist.

Am liebsten sieht sich dieser Urlöwe bei Temperaturen um den Gefrierpunkt auf einem Stehplatz im Grünwalder Stadion, wo er wegen Graupelschauer und tausender hellblauer Fahnen vor der Nase nichts vom Spiel sehen kann. Wo er aber dennoch weiß, auch wenn das Spiel wieder einmal kläglich verloren geht, daß er auch künftig trotzig weitersingen darf: »Einmal Löwe, immer Löwe.«

Das Dumme ist nur, daß der Präsident und Löwen-Bändiger Karl-Heinz Wildmoser vor einigen Jahren damit begonnen hat, diesen Archetypen des Giesinger Proletariers in einen Nadelstreifenanzug zu stecken und frisch gewaschen und rasiert auf gediegenen, leistungsbetonten Mittelstand zu trimmen, gemäß dem Apostel Matthäus (20 : 16): »So werden die Letzen die Ersten und die Ersten die Letzten sein.«

Mit Erfolg, auch wenn es manchmal aus dem engen Anzug noch ein wenig nach dem Schweiß des schnellen Aufstiegs herausriecht und die Löwen noch genauso wenig Erster sind, wie die Bayern Letzter. 1860 bietet soliden Angestelltenfußball. Was soll's, sagt sich das Hart-aber-herzlich-Gespann aus Trainer und Präsident: Der Erfolg ist da und heiligt die Mittel. Doch gerade diese Art von Erfolg schmeckt einigen Alt-Löwen-Fans genauso wenig wie der Umzug aus der heiligen Stätte des Grünwalder Stadions in die Suppenschüssel namens Olympiastadion, in der bislang der rote Glaubensfeind Nummer Eins allein herrschte. Wie eine schlechte Kopie des FC Bayern seien ihre Löwen geworden, sagen die Alt-Sechziger. Und ganz Unrecht haben sie damit nicht. Seit dem Umzug der Löwen aus dem Stadion an der Grünwalder Straße ist eigentlich alles recht mittig beim ehemaligen Underdog aus Giesing. Der Tabellenplatz, die Leistung, das Image. Für ganz oben reicht es noch nicht, deshalb richten sich die Mittelstandskicker im oberen Mittelfeld der Bundesliga ein. Und verlieren mehr und mehr ihre proletarische Seele, wie manch fundamentalistischer Löwe befürchtet.

Die dritte Glaubensgemeinschaft steht ganz im Zeichen der dynamischen Aufsteiger. Wenn Bayern für Kapital steht und die Sechziger für Angestelltenkultur, dann ist Unterhaching das Team im Zeichen der neuen Technologien im Münchner Umland: Elektronik und Computer, mit absolut sauberem Image, klein aber dynamisch, kämpferisch, aber fair, bescheiden, aber selbstbewußt, ein bißchen langweilig, aber immer optimistisch, was die eigene Zukunft angeht. Nur 1200 Mitglieder hat der Club, nur 15000 Zuschauerplätze sein Stadion. Und doch hatten die Hachinger in nur wenigen Jahren den Aufstieg aus dem deutschen Fußballkeller in die Königsklasse geschafft. Sponsor des Vereins ist einer der Motivationsgurus im Lande, die mit psychologischer Mobilmachung ihr Geld verdienen. Der millionenschwere Chiphändler unterstützte die Münchner Vorortmannschaft mit fünfzehn Millionen Mark, half ihr beim Sprung in die Bundesliga. Sein »Du schaffst, was du willst«, paßt gut zur Legende des Fußballzwergs, der seinen Fans mit Blasmusik und Biergarten auch noch die nötige Nestwärme und jenen Stallgeruch geben kann, der den großen Münchner Vereinen mittlerweile abzugehen scheint. Unterhaching hat Zulauf, auch bei den Fans, selbst wenn die Spielergebnisse nicht immer halten, was der Motivationsguru verspricht. Oberster biblischer Grundsatz der neuen Sekte Unterhaching bleibt: »Es ist aber der Glaube eine feste Zuversicht auf das, was man hofft, und ein Nichtzweifeln an dem, was man nicht sieht.« (Hebräer 11 : 1)

Sollten Sie als München-Besucher in die Verlegenheit kommen, mit irgendwelchen maskierten oder auch nichtmaskierten Fußballfans in Kontakt zu kommen, ist eine gewisse Zurückhaltung in bezug auf Glaubensfragen geboten. Am besten, Sie halten sich an folgende Ratschläge: Wenn Sie auf einen Bayern-Fan treffen und die Rede fällt auf 1860, dann sagen Sie einfach nur »10. Mai 1980«. Damals hat Bayern die Sechzger mit sechs zu eins geschlagen. Sollten Sie allerdings aus irgendeinem Grund mit einem Löwen-

Fan in Streit geraten, kann es unter Umständen lebensrettend sein, wenn Sie die Aufstellung der Meistermannschaft von 1966 aufsagen können. Zumindest teilweise. Wenn er Sie also zum Beispiel an der Gurgel hat, pressen Sie – wenn möglich – noch schnell ein »Kohlars - Brunnenmaier - Heiß - Grosser - Rebele-Radenkovic« heraus. Sie werden sehen, es hilft. Der Löwe wird Sie schnell loslassen. Und wenn Sie dann noch eine Strophe »Bin i Radi bin i König« singen, haben Sie einen neuen Freund fürs Leben gefunden.

Gelassener dürfen Sie es bei den Vorstädtern angehen lassen. Einem Unterhaching-Fan gegenüber dürfen Sie fast alles äußern. Der freut sich schon, wenn Sie nicht Unterhachingen sagen und vielleicht auch noch wissen, wo der Ort ungefähr liegt.

Besser überhaupt nichts sagen Sie aber, wenn die Rede auf Örtlichkeiten des Spielbetriebs kommt. Zu den beliebtesten quasireligiösen Auseinandersetzungen in der Stadt gehört nämlich seit längerem der so genannte Tempelstreit. Dieser umfaßt ein ganzes Bündel von lebenswichtigen Fragen. Zum Beispiel welche Fußballglaubensgemeinschaft in welchem Stadion spielen soll, wo dieses zu stehen hat, wie es aussehen darf, wie viel Gläubige es fassen soll. Und so weiter. Wie schon angesprochen ist für 1860 München aus religiösen Gründen das alte Sechzger-Stadion an der Grünwalder Straße wichtig. Ab und zu taucht das Gerücht auf, daß der Verein über eine Rückkehr nach Giesing nachdenkt. Dann aber heißt es wieder, das Sechzger wird abgerissen, muß einem Hotel- und

Kongreßzentrum weichen. Das ist natürlich genau der Stoff, aus dem in München die Munition für heftige Leserbriefschlachten gebastelt wird.

Noch unterhaltsamer ist es, wenn die Frage nach der Zukunft des Olympiastadions diskutiert wird. Da werden Stadiongipfel einberufen, mit Ministerpräsidenten, Oberbürgermeistern, Stadt- und Verkehrsplanern. Da melden sich Vereinsmanager und Fußballgötter ebenso zu Wort wie Fanclubs, Architekten, Denkmalschützer oder besorgte Bürger. Fragen über Fragen türmen sich plötzlich auf: Umbau oder Neubau? Ring oder Schüssel? Da werden in der Münchner Fußgängerzone Unterschriften gesammelt für ein Bürgerbegehren Olympiastadion, das den großen Umbau verhindern will. Und am Ende ist dann doch wieder alles ganz anders!

Nichtsdestoweniger wird mit harten Bandagen gekämpft und im Eifer des Gefechts wird auch so mancher Elfer drüber geschossen, wenn zum Beispiel Bayern-Manager Uli Hoeneß mit der geballten Arroganz des FC Bayern droht: »Entweder den Ring oder ein neues Stadion. Wenn es keine Lösung gibt, werden wir mit unseren Fans aktiv.«

Da mag sich manch einer zu Recht fragen: »Ja wo samma denn eigentlich?« Die Antwort heißt natürlich »In München, wo denn sonst?«. Und doch lautet die Frage immer wieder: Wie lange noch?

Denn schon kommt der dezente Hinweis, die weltweit anerkannte Religionsgemeinschaft FC Bayern werde München einfach verlassen und sich auf dem flachen Land seinen Tempel errichten, wenn die Stadionfrage nicht nach dem Gusto der Bayern entschieden wird: »Denn wir haben hier keine bleibende Stadt, sondern die zukünftige suchen wir.« (Hebräer 13,14)

Düstere Aussichten also? Wird München am Ende noch zu einem kläglichen Dorf in der Nähe von FC Bayern-City verkommen? Niemand weiß es. Nur die Münchner Fußballgötter!

Jedenfalls ist es ein Grund mehr für Sie, möglichst schnell an die Isar zu reisen und sich alles anzusehen, bevor die Stadt an irgendeiner Stadionfrage zerbricht und endgültig in der Versenkung verschwindet. Sollten Sie sich aber tatsächlich nicht für Fußball interessieren, dann sind Sie hier ebenfalls in guter Gesellschaft. Einer Umfrage zufolge haben nämlich 60 von 100 Münchnern mit der Ersatzreligion nichts am Hut. Und nur ganze 7 Prozent gehen überhaupt ins Fußballstadion. Womit natürlich nichts, aber auch rein gar nichts bewiesen ist. Außer vielleicht, daß Glaubensgemeinschaften noch nie auf Mehrheiten angewiesen waren.

Kleine Medienkunde

Wenn Sie wissen wollen,

was der Münchner denkt, wenn er links-liberal ist, ein Herz für Tiere hat und darüber hinaus auch noch genau wissen will, was Babs und Bobs und Becki so treiben, dann lesen Sie die *Abendzeitung*.

was der Münchner denkt, wenn er eigentlich nur wissen will, was Babs und Bobs und Becki so treiben, dann lesen Sie die *Bunte*.

was sich einer denkt, der sich denkt: »Geh weida, jetzt denk halt nicht so viel und gib mir lieber den Sportteil!«, dann lesen Sie die *tz*.

was sich ein Münchner gedacht hätte, wenn er bloß seine verdammte Lesebrille finden würde, dann kaufen Sie sich einen *Münchner Merkur*.

wovon die CSU denkt, daß es in den nächsten zweitausend Jahren hundertprozentig nicht ans Tageslicht kommt, und am nächsten Tag steht es dann doch in der Zeitung, dann lesen Sie die *Süddeutsche Zeitung.*

was der Münchner liest, wenn er sich denkt, jetzt hab ich aber schon lange nichts mehr gelesen, weil ich so wenig Zeit hab, dann schauen Sie in den *Focus.*

was der Münchner denkt, der sich denkt, das hab ich mir ja schon immer gedenkt, dann lesen Sie *Bild München.*

was der bayerische Ministerpräsident denkt oder denken könnte oder denkt, daß der Journalist vorschnell gedacht hat oder gedacht haben könnte – letzteres selbstverständlich völlig zu Unrecht, weshalb der Journalist ja auch schon vor dem Interview daran denkt, sich für seine Fragen zu entschuldigen und dem bayerischen Ministerpräsidenten das Mikrophon in die Hand zu drücken, damit er seine Fragen am besten gleich selber stelle, weil ja schließlich keiner so genau weiß, was der bayerische Ministerpräsident denkt, außer dem Herrn Ministerpräsidenten selber natürlich – wenn Sie also all das wirklich wissen wollen, dann denken Sie nichts Schlimmes, sondern schauen Sie sich die Politiksendungen im *Bayerischen Fernsehen* an.

was sich wohl einer denken könnte, der den ganzen Tag »Denn dann denkst du nur du denkst« oder ähnliche Schlager hört, dann schalten Sie *Bayern 1* ein.

was derjenige Münchner hört, dem eigentlich schon die Verkehrsdurchsagen zu viel Text sind, dann stellen Sie auf *Bayern 3*, *Antenne Bayern* oder *Charivari* oder *Energy.*

was ein Münchner in der Hand hält, wenn er das eigenständige Denken ganz aufgegeben und sein Hirn gegen ein Parteibuch getauscht hat, dann leihen Sie sich einen *Bayernkurier.*

Ja wie reden Sie denn? Sprache in München

Wer durch München geht und die Ohren offen-
hält, wird sich in sanfter Anlehnung an das zeitgenössische südliche Idiom vielleicht fragen: Ja wo,
zefix, san ibahaupts de ganzen Native Speaker? Also
sinngemäß: Wer beherrscht in dieser Stadt eigentlich
noch die autochthone Sprache? Es ist die Frage aller
Fragen, und sie ist todernst. Deshalb wird sie an dieser
Stelle genau so genommen. Wenngleich es manchmal
schon eine echte Gaudi ist, den Großsiegelbewahrern
der reinen Rede zuzuhören. Trotzdem ist Pietät ange-
sagt, denn hier geht es um das Allerheiligste im See-
lenhaushalt des homo bavaricus. Wir stehen quasi vor
dem Tabernakel des bajuwarischen Glaubensgebäudes.
Und wir verneigen uns in Andacht und flüstern leise:
Der Herrgott beschütze die bairische Hochsprache.

Mit -ai-, wohlgemerkt, nicht mit dem handelsüb-
lichen -ay- wie in »Bayern«, das sich ja nur auf den
Staat bezieht, zu dem auch die Schwaben und Franken gehören. Richtig weit hinunter zu den Wurzeln
geht es nur mit -ai, wie im B-ai-rischen, das schon
viel älter ist als Montgelas, der Gründer des modernen
bayerischen Staates im frühen 19. Jahrhundert.

Es vergeht hierzulande praktisch kein Halbjahr, ohne daß die Reinerhaltung der bairischen Sprache auf der Tagesordnung steht. Mitunter wird sie auch Stein des Anstoßes und sorgt für höchste öffentliche Erregung. Heimatpfleger und Mundartforscher, Dialektologie-Professoren und jede Menge Vereine und Stammtische zur Rettung des Brauchtums und der Sprache warnen abwechselnd vor dem Verfall der Mundart. Am liebsten aber treten sie gleich alle gemeinsam bei irgendwelchen Tagungen auf. Solche Veranstaltungen finden zwar meist unter Ausschluß der breiteren Öffentlichkeit statt, werden aber vom Bayerischen Rundfunk pflichtschuldigst mitgeschnitten und gesendet – vorzugsweise an einem Donnerstag nachmittag auf Bayern 2 Radio, moderiert vom bairischsten aller bairischen Sprecher, die der Bayerische Rundfunk auftreiben kann. Selbiger kommt meist aus Passau.

Das Problem, das bei solchen Veranstaltungen zur Sprache kommt, ist nicht neu und lautet etwas zugespitzt formuliert so: In Bayern spricht kaum mehr jemand Bairisch. Zumindest kein reines mehr, was immer das auch gewesen sein mag. Und in München sprechen alle nur mehr »Isar-Preußisch«. Diese Entwicklung ist vor allem in den vergangenen Jahren richtig dramatisch geworden.

Im Stil heimtückischer Computerviren haben sich nämlich norddeutsche Sprachbazillen eingeschlichen: »Tschüs« zum Beispiel, das in seiner gesteigerten Variante als »Tschö« und in seiner absoluten Pest-

&-Cholera-Version als »Tschüsi« oder »Tschüsikowski« daherkommt. Auch »Nö« und »Guck mal« sind in die jahrhundertealte Bairisch-Software eingedrungen, um selbige langsam auszuhöhlen und alle traditionellen Sprachdateien in grobe Unordnung zu bringen. »Zefix, oiss duachanand!« flucht da der Mundartfreund und demonstriert lautstark gegen diese hinterfotzigste Form von versuchtem Ethnozid, die den Bayern angetan wurde, seit Karl der Große unseren Herzog Tassilo abserviert und ins Kloster gesteckt hat.

Wie gesagt, die Angelegenheit ist ernst. Nicht nur, daß sich immer häufiger fremder Wortschatz breitmacht, auch Bairisches selbst wird ganz und gar vergessen. Fragen Sie doch mal in München nach! Auf dem Viktualienmarkt, oder in Giesing: Sie werden es selbst zu hören bekommen. Wortreich wird man ihnen erklären, daß sie gnadenlos zum Aussterben verdammt sind, »insere Fingerhackla und Boandlkramer, de Nosnrammefressa, Kerwezeiner, Noagerlzuzla und Kuttnbrunzer. Und wos is mit da guaden oiden Millibitschn? Und, kreizdeife nomoinei, mit de Biafuizl und de Grischbal und de Gschaftlhuaba und de Masskruagstemmer? Ois beim Deife! Und wos bleibt nachad? A Sprach wia a faade Hutzlbria, ned zum aushoitn, nua no zum schbeim.« Sie werden als freundlicher Gast zur Bestätigung des Gehörten eifrig nicken und sich dennoch nicht ganz von der Meinung abbringen lassen, daß es doch so schlimm noch nicht sein kann, weil Sie schließlich so gut wie nichts verstanden haben. Und Sie haben recht, die Frage stellt sich nämlich schon, ob es mit dem Bairischen in München wirklich so schlecht bestellt ist. Man könnte darauf mit einem ganz entschiedenen neu-münchnerischen »Nö!«, antworten. Denn es gibt sie schon noch, die authentischen Baiern. Die Frage ist nur: wo? In Schwabing oder in der Maxvorstadt wird man sie nicht mehr ganz so oft finden, die Mundartsprecher, die auf ein höfliches »Kunnsd ma-r-amoi an Zwickel wexeln?«, nicht dreinschauen wie Hein Blöd bei Hochwasser. Schon eher hört man die Native Speaker in Giesing oder in der Au, vereinzelt vielleicht sogar in Haidhausen.

Es kann sein, daß sie weniger werden. Aber der Widerstand gegen das Aussterben und die sprachliche Unterdrückung durch den Norden hat sich Gott sei Dank auch schon in und um München formiert. Zum Beispiel in Otterfing, einem Dorf, das noch im S-Bahn-Bereich liegt. Hier kam es vor kurzem zu einem Eklat, weil eine Lehrerin einem Schüler ins Zeugnis eine Bemerkung geschrieben hat, die viele Menschen hierzulande als diskriminierend empfinden. Der achtjährige Florian, ein Otterfinger Bauernbub, der so spricht, wie ihm der Schnabel gewachsen ist, habe »Probleme, sich verständlich zu machen, da er zu Hause nur Bairisch rede«. So stand es im Zeugnis. Aber nicht lang. Weil nach einem Proteststurm der Entrüstung, der durch die Zeitungen ging und bis zur bayerischen Kultusministerin hinaufpfiff, die Bemerkung ersatzlos gestrichen wurde.

Die CSU-Ministerin und Strauß-Tochter Monika

Hohlmeier wußte, was sie ihren Stammesbrüdern und -schwestern schuldig ist. Sie rügte die Lehrkraft, die preußische, mit den Worten: »Es ist bedenklich, wenn Schülerinnen und Schüler für ihren Dialekt in Einzelfällen kritisiert werden.« Zuvor hatte bereits der CSU-Landtagsabgeordnete Peter Gauweiler in einem Brandbrief an Hohlmeier und den bayerischen Ministerpräsidenten Stoiber einen schnellstmöglichen Parlamentsbericht zur »Rettung der bayerischen Sprache« verlangt. Die Bayern-Partei warnte ihre bayerischen Landsleute sogar vor den »Einheits-Deutsch-Pädagogen«. Und eigentlich ist es ein Wunder, daß nicht gleich alle Einheiten der bayerischen Gebirgsschützen samt der Otterfinger Feuerwehr ausgerückt sind, um nach Berlin hinaufzufahren und die Revolution anzuzetteln.

Jedenfalls hat der kleine Florian aus Otterfing am Ende doch noch recht bekommen und wurde in seinem Bairisch sogar von der germanistischen Wissenschaft bestätigt. Nach Untersuchungen des Marburger Forschungsinstituts für deutsche Sprache sind Kinder, die zu Beginn ihrer Schulzeit nur Dialekt sprechen, ihren Mitschülern bereits in der dritten Klasse bei der Rechtschreibung überlegen, weil sie die Hochsprache von Grund auf lernen müssen. Na also, wer sagt's denn!

Wenn Sie jetzt glauben, daß solche Sprachdebatten nur auf dem Land, nicht aber in München denkbar sind, dann haben Sie sich getäuscht. Es war nämlich ein gebürtiger Münchner, der kürzlich die Bayerische »Anti-Tschüs-Bewegung« ins Leben gerufen hat. Per Zeitungsanzeige hatte der 57jährige Hansi Kröger ihre Gründung publik gemacht, und die Wirkung war gewaltig. Binnen kurzer Zeit hatten sich mehr als 250 Gesinnungsgenossen zum Erhalt der bairischen Dialekte gemeldet, darunter Richter, Germanistikprofessoren, ganze Trachtenvereine und bayerische Blaskapellen.

Eigentlich war die Sache mehr als Gaudi gedacht. Aber der große Andrang zeigte, wie ernst es vielen Bayern mit der Spracherhaltung ist. Politisch sei dies freilich nicht zu verstehen, aber die »Anti-Tschüs«-Bewegung solle zur Volksbewegung werden, sagt ihr Gründer, damit wenigstens in der heimischen Stube wieder Dialekt gesprochen wird.

Als Besucher Münchens sollten Sie sich also besser nicht lustig machen über einen Münchner, der Dialekt spricht. Da ist er recht empfindlich. Und vor allem versuchen Sie nicht, seinen Dialekt zu imitieren. Er wird Sie nämlich anschauen, als hätten Sie seiner Frau soeben unter den Rock gegriffen. Sprechen Sie so, wie Sie es gelernt haben und freuen Sie sich, daß Sie ein angeblich so seltenes Exemplar der bairischsprechenden Eingeborenen getroffen haben. Sollte Ihr Gegenüber Ihnen zuliebe versuchen, ein wenig Hochdeutsch zu sprechen, dann lächeln Sie nicht. Unterstützen Sie ihn durch ein aufmunterndes Kopfnicken. Denn Sie dürfen nie vergessen: Für den Mundartsprecher ist das Normdeutsche immer wie ein Balanceakt auf dem Hochseil. Versucht sich ein Dialektler aus Dingolfing, Straubing oder Altötting an der Hochsprache, geht es ihm wie dem Artisten, der ohne Netz, aber mit verbundenen Augen sein Glück versuchen soll. Es kann eigentlich gar nicht gutgehen und ist nur eine Frage der Zeit, wann es ihn in die Tiefen seines Dialekts hinunterhaut. Meistens kommt schon nach dem zweiten oder dritten Satz ein grammatikalisches Lüfterl und weht ihn hinab.

Der Münchner ist da grundsätzlich in einer ähnlichen Situation, wenngleich er durch viel Training seinen eigenen Stil entwickelt hat, das Münchnerische eben, das ihm beim Hochsprach-Seilakt wie eine Balancierstange hilft, über die Runden zu kommen.

Was ihm der gemeine Landbayer in der Regel übelnimmt, weil dieses Isar-Preußisch ja keine Kunst mehr ist.

Über das Umkippen des Bayern in die Hochsprache kann der Bayer selbst übrigens am lautesten lachen. Das war schon bei Karl Valentin, dem »münchnerischsten aller Münchner«, wie Oskar Maria Graf ihn nannte, häufig zu hören. Als Ausdruck seiner speziellen Komik, wie in der Gerichtsszene »Zeuge Winkler«, die noch dazu eine sehr pragmatische Haltung des Münchners gegenüber der Hochsprache offenbart. Es prallen in dieser Szene der Münchner Fensterputzer Hanns Winkler und ein nicht näher benannter Richter norddeutscher Herkunft aufeinander:

Zeuge: Der soi froh sei, daß a eahm koane gschdiad hod!

Richter: Ja, was ist denn das schon wieder? Was heißt denn g-schdiert, ge-s-tiert?

Zeuge: O mei, Herr Richter, wenn Sie die Münchner Ausdrück ed vaschdenga, dann gherad hoid zu soichene Grichtsvahandlungen a Dollmetscher her, der den bayerischen Dialekt ins Deutsche übersetzt. Denn dees rendiert si wirkli ned, daß a Münchna weng a einstündign Grichtsvahandlung die deutsche Sprache leand. Des moan i! Auf deutsch: Das ist meine Meinung!

Mundart sprechende Münchner dürften das heute noch ganz ähnlich sehen. Angesichts der relativ kurzen Zeit, die der norddeutsche Tourist in der Stadt verbringt, lohnt sich ein aufwendiges Deutschstudium für den Münchner natürlich nicht. Aber was ist mit den vielen Zugereisten in der Stadt? Die bleiben. Und dann?

Es ergibt sich zwangsläufig ein gravierendes Sprachproblem, das auf München in der nahen Zukunft verstärkt zukommen wird: Die bilinguale Erziehung in ethnisch gemischten Familien. Denn anders als im bayerischen Umland kommt es in München immer häufiger vor, daß Bairisch sprechende Menschen sich mit »Nordsprech«-Bewohnern paaren. Was zu unseligen Entwicklungen bei der Aufzucht der gemeinsamen Brut, hier »kleiner Mischling« genannt, führen kann. Es entsteht unter Umständen das, was die oben erwähnten Sprachbewahrer immer befürchten. Schon im Kindergarten und in der Schule reden die Kinder weder Bairisch noch Hochdeutsch. Es entsteht ein grausames Pidgin-Preußisch. Doch was kann man dagegen tun? Es gibt da vielleicht eine zukunftsweisende Methode ...

Nehmen wir folgenden Fall an, der durchaus der Münchner Wirklichkeit entnommen sein könnte. Die Mutter ist zum Beispiel Westfälin aus Hagen-Haspe bei Dortmund, spricht ein entsprechend gepflegtes Fälisch, wenngleich sie nie müde werden würde, von sich selbst zu behaupten, ein astreines Hochdeutsch zu sprechen. Der Vater ist vielleicht gebürtiger Oberbayer von hinter Mühldorf am Inn, und somit nie in die Verlegenheit gekommen, etwas anderes zu sprechen als die bairische Hochsprache. Er hat bis heute auch kein tieferes Bedürfnis danach verspürt. Geht aus einer solchen Verbindung ein echtes Münchner Kindl hervor, stellen sich auf einem örtlichen Spielplatz unter Umständen solche Situationen ein.

Die Mutter fragt das Kind, was ihm sein Spielkamerad eben mitgeteilt hat: »Samma, was hatter Junge zu dir gesacht?« Im selben Augenblick will der bayerische Vater daßelbe fragen: »Sog amoi, wos hod der Bua zu dia gsogt?«

Unser kleiner Mischling, seinerseits heillos überfordert, wird in einer Art babylonischer Verwirrung vielleicht antworten: »I woaß auch neda, wass da Junge zu mir gesacht hod.« Um ein solches Gestopel zu vermeiden, empfehlen wir die »ergänzende« Spracherziehung. Sie ist ganz einfach. Der kleine Mischling formuliert zuerst die muttersprachliche Variante der Frage und fügt dann die väterliche Version hinzu. Anschließend wird er sich die Antwort gut überlegen und – ebenso fein säuberlich unterschieden – zweisprachig von sich geben. Wichtig ist, daß beide Versionen immer getrennt sind durch den Begriff »ergänzend«. Dieses »ergänzend« steht immer vor Beginn der jeweils zweiten Version, weil sonst kein Mensch mehr weiß, wo vorne und hinten ist.

Zugegeben, die Ergänzungsmethode dauert ein wenig länger, klingt anfangs wohl auch noch etwas ungewohnt, führt aber dazu, daß der Mischling seine eigene Simultanübersetzung immer schon parat hat. Auf diese Weise können die typischen Entfremdungserscheinungen einem Elternteil gegenüber vermieden werden. Richtig bitter nämlich wäre es, wenn ein Kind zum Beispiel auf irgendein Ansinnen seines Bairisch sprechenden Vaters eines Tages entgegnete: »Samma, Mutti, warum spricht der Mann so komisch?«

Die »Ergänzungsmethode« umschifft dieses Problem elegant und ist daher zwingend sinnvoll. Wenngleich zugegeben werden muß, daß sie pädagogisch noch nicht völlig ausgereift ist. Es könnte sich alsbald das Problem der Ökonomie sprachlicher Mittel stellen. Denn bekanntlich spricht der Norddeutsche zwar dreimal so schnell, formuliert beim Reden aber den gesamten Denkvorgang mit, während der Bayer nur das Ergebnis zum besten gibt. Dieses Ungleichgewicht der Teilsätze im Rahmen der Ergänzungsmethode könnte problematisch werden. Ein Beispiel hierfür: Unser ethnisch gemischtes Kleinkind trifft im Sandkasten auf einen Kindkollegen nicht näher zu definierender Herkunft. Beide stehen an der Leiter der Rutsche, der robuste Kindkollege drängt sich einfach vor und steigt die Leiter als erster hoch. Unser kleiner Mischling hat das Nachsehen und klettert erbost hinterher. Was wird er tun?

Der kleine Preuße in unserem Mischling wird den ganzen Weg nach oben lautstark aber erfolglos vor sich hin schimpfen: »He, du kleina Iddi, mach dich ma vom Acker hier, ich war zuerst an der Rutsche, das iss voll gemein ...« Und so weiter. Der kleine Bayer im Mischling wird wortlos bis ans Ende der Leiter mit hinaufsteigen, um anschließend den unverschämten Kindkollegen von der Plattform zu schubsen. Er wird trocken hinzufügen »Ergänzend: Schleich di!«, um dann selbst als erster hinunterzurutschen.

Das Problem ist klar. Dem norddeutschen Idiom in den Sätzen unseres Heranwachsenden ist volumenmäßig Priorität eingeräumt. Wir sind überzeugt, daß der pragmatische Halb-Bayer sich dies eine gewisse Zeit lang anhören wird. Eines Tages aber könnte er ungehalten werden, weil er wie ein siamesischer Zwilling andauernd »diesen Schwätzer, ergänzend: Schmatza« mit sich herumschleppen muß. Mit hoher Wahrscheinlichkeit wird er also eines Tages auf die endlose Suada des kleinen Preußen in sich nur mehr mit

einem »ergänzend: Hoit's Mei!«, reagieren. Weil aber
Fälle, in denen ein und dasselbe Kind sich selbst in ein
und demselben Satz das Wort verbietet, bislang auf
Münchner Spielplätzen selten waren, fehlen Erfahrungen im Umgang mit diesem schwierigen Phänomen. Künftige therapeutische Ansätze müssen unserer
Meinung nach nicht zwangsläufig darauf hinauslau-
fen, den kleinen Preußen im Kind zu knebeln. Vorteile hätte es freilich schon.

Für Sie als Besucher Münchens wird sich dieses
Problem freilich nur am Rande stellen. Außer Sie
wollen länger hier bleiben und am Ende gar selber
Münchner werden. In solch einem Fall sollten Sie das
Schlußkapitel besonders aufmerksam lesen. Wenn Sie
nur auf Urlaub hier sind, lassen Sie sich von der
manchmal rüde klingenden bairischen Art nicht
gleich abschrecken. Gewiß, die Sprache hat manchmal
einen Hang zur Grobheit. Manch derbklingender Begriff wird hier viel selbstverständlicher gebraucht als
anderswo. Der Depp zum Beispiel ist im Gegensatz
zum äußerst despektierlichen »Halbdeppen« in München kein echtes Schimpfwort. Er wird in der Regel
auch nicht so gedeutet und somit auch nur selten ge-
richtsmäßig. Sie müssen es ja nicht gleich beim erst-
besten Polizisten ausprobieren.

Auch was den Reichtum der Flüche und Schimpf-
wörter angeht, ist das Bairische gewiß gut bestückt.
Beobachten Sie einmal Münchner in ihren Autos,
wenn sie im Hochsommer vor Dauerbaustellen kilo-
meterlang im Stau stehen. Dann sehen Sie, wie schön

Bayern schimpfen und fluchen können. Und trotzdem dürfen Sie nicht vergessen, daß diese Sprache eine der höflichsten der ganzen Welt ist. Es ist die Sprache eines bescheidenen, zurückhaltenden, freundlichen Volksstammes. Woran Sie das merken? Am Konjunktiv natürlich. Betritt ein bairisch sprechender Münchner einen Raum, kündigt er seine Anwesenheit mit einem »I waar jetz do!«, an. Dieses »ich wäre« soll nicht etwa Zweifel an der Gewißheit der eigenen Existenz ausdrücken, sondern demgegenüber nur klar machen: Wenn es Ihnen recht wäre. Andererseits könne man sich nämlich auch schnell wieder schleichen. Eine schöne Geste, die es eigentlich verdient hätte, ins Hochdeutsche übernommen zu werden.

Welt? Stadt? Herz? Hirn?

München ist eine weltoffene, tolerante und liberale Stadt. Eine Weltstadt mit Herz. Solch werbewirksamen Sätzen werden Sie bei Ihrem Besuch häufig begegnen. Und in weiten Teilen stimmen sie sogar. Die Wahrscheinlichkeit, daß Sie als Besucher hier angepöbelt werden, ist eher gering. Was gar nicht so wenig ist, schließlich muß man in Deutschland heutzutage schon dafür dankbar sein. Trotzdem empfiehlt es sich auch an der Isar, möglichst deutsch zu sein oder tunlichst so zu wirken. Sonst kann es Ihnen vielleicht schon passieren, daß Sie zusammengeschlagen und als »Ausländerschwein« beschimpft werden. Natürlich wird man Ihnen in einem solchen Fall von allen Seiten versichern, daß das eine Ausnahme war, weil München doch die Stadt der Lichterketten gegen Fremdenfeindlichkeit ist, in der sich Hunderte von Prominenten und Tausende von Bürgern in Listen eintragen und auf dem Marienplatz demonstrieren, um auf diese Weise »Ja zur Toleranz« zu sagen. Zweifellos, auch das ist richtig, es hilft Ihnen bloß nicht viel, wenn Sie dummerweise der »Ausnahmefall« geworden sind und jetzt im Krankenhaus liegen.

Natürlich werden Sie zustimmen, wenn man Ihnen sagt, daß es in jeder Stadt und in jedem Land »solchane und solchane« gibt, und Sie würden gerne nicken und freundlich dazu lächeln, wenn es mit der Halskrause und dem eingeschlagenen Gesicht irgendwie ginge.

Natürlich wären Sie auch viel zu höflich, um Ihr kleines Mißgeschick in Zusammenhang zu bringen mit manchen landesüblichen Sprüchen und der sogenannten bayerischen Art. Natürlich kämen Sie nie auf die Idee zu fragen, wie es der frühere Ministerpräsident Max Streibl von der CSU gemeint hat, als er im Oktober 1991 im bayerischen Landtag sagte: »Ich gehe nicht so weit wie ein Kommentator, der aber vielen im Volke aus der Seele spricht, der von einer multikriminellen Gesellschaft gesprochen hat.«

Sie werden sich auch bestimmt nicht fragen, wie der amtierende Ministerpräsident Stoiber das mit der »durchrassten Gesellschaft« gemeint hat, von der er glaubte, vor einigen Jahren warnen zu müssen. Was kann denn der Herr Stoiber dafür, wenn der Skinhead nicht weiß, daß Sie bloß auf Ferien im schönen Bayern sind, ohne nähere Absicht, sich irgendwie mit irgendwem in dieser U-Bahn zu »durchrassen«.

Auch dem Georg Kronawitter von der SPD sind Sie nicht gram, weil er damals 1992, als er noch Münchner Oberbürgermeister war, in einem Spiegel-Gespräch gesagt hat:

»Wir können nicht der Lastesel für die Armen der Welt sein. [...] Der Unmut bei den Menschen ist riesig. Glauben Sie denn, daß die ruhig hinnehmen werden, wenn Millionen Ausländer ungeordnet in unser Land fluten?«

Nein, nein, Sie stellen da besser keine Zusammenhänge her zwischen all diesen Sprüchen der Herrschaften und Ihrem kleinen Malheur in der Münchner U-Bahn. Ist doch absurd. Sie wissen ja selbst, auf welch seltsame Ideen man im Krankenhaus manchmal kommt. Also beruhigen Sie sich und sehen Sie es doch lieber mal positiv. Es hätte ja alles auch viel schlimmer kommen können. Sie hätten als Ausländer zum Beispiel in die Hände der Polizei geraten können. Sie, das ist »fei« kein Spaß in München. Die örtlichen Beamten sind nämlich weit über die bayerischen Staatsgrenzen hinaus bekannt für ihre launige Art. In schlechten Monaten stehen jeden Tag zwei Polizeiskandale in den Münchner Tageszeitungen. Mobbing, Korruption, Selbstmorde, Verwicklung in organisierte Kriminalität. Schlimm, sagen Sie? Es geht auch noch schlimmer. Im Januar 1999 hat ein Polizist »versehentlich« auf einen Autofahrer geschossen, dessen Wagen bei einer Kontrolle plötzlich anrollte.

Also, immer schön anständig bleiben, nicht zu nah rangehen und stets gut die Handbremse anziehen. Für den Fall aber, daß Sie, lieber Besucher, dummerweise doch mit dem Gesetz in Konflikt geraten sollten bei Ihrem Aufenthalt in München, beachten Sie bitte folgende Tips: Wenn schon straffällig, dann bittschön wegen Betrug oder Unterschlagung. Sie haben dann bis zur Verhandlung Zeit, sich ein paar kompetente politische Freunde zu suchen, die Ihnen verraten können, wie man mit solchen Situationen umgeht. In München empfiehlt es sich, schnell in die CSU einzutreten und, wenn irgendwie möglich, am besten schon im Stadtrat zu sitzen, bevor das Verfahren beginnt. Dort kennt man sich traditionsgemäß aus mit solchen Dingen, schließlich ist die Liste straffällig gewordener CSU-Politiker in den vergangenen Jahren ganz schön lang geworden: Ex-OB Kiesl zum Beispiel oder die Stadträte Gaub, Bletschacher und Lerchenmüller. Die Vergehen reichten von Untreue über betrügerischen Bankrott bis zu Betrug und Falschaussagen.

Zur Verteidigung der örtlichen CSU muß man sagen, daß sie sich redlich bemüht, den politischen Flurschaden wiedergutzumachen. Dennoch glaubt niemand daran, daß sie demnächst dauerhaft das Münchner Rathaus erobern könnte. Es ist ihr in den vergangenen Jahrzehnten nie gelungen – einzige Ausnahme war Ende der siebziger Jahre, als die SPD sich selbst zu sehr in Flügelkämpfe verhakelt hatte. Ansonsten hagelte es Niederlagen für die Konservativen, was nicht nur daran liegt, daß in München die Uhren anders gehen als in Bayern, sondern vor allem auch daran, daß die örtliche CSU ein Talent hat, sich immer im richtigen Augenblick selbst ein Bein zu stellen. Meist bricht irgendwo irgendwer kurz vor der Wahl einen parteiinternen Streit vom Zaun. Oder es wird wieder eine Affäre aufgedeckt. In der Partei selbst gibt man sich dann wieder moderat selbstkritisch, zum Beispiel mit dem Hinweis, man sei in den vergangenen Jahren wohl etwas zu wenig großstädtisch gewesen. Uns freilich hat es gereicht, sagen nicht wenige Münchner, schließlich waren Teile der CSU so weltgewandt und raffiniert, daß man geneigt war, regelrecht von Chicago-Methoden zu sprechen. Weil eine so geartete Urbanität gar keinen guten Eindruck beim Wähler macht, gab man unlängst bei der Münchner CSU das Schlagwort von der »mitfühlenden Stadt« aus. Was oder wer da mit wem mitfühlt, ist nicht ganz klar geworden. Es ist daher nicht auszuschließen, daß es sich vielleicht doch um Mitgefühl in eigener Sache handeln könnte.

Also, lieber Besucher, Sie sehen es selbst. München ist nach allen Seiten hin welthaltig und weltoffen, und dabei auch noch großherzig und mitfühlend. Man kann's hier schon aushalten. Nur manchmal ein bißerl anpassen muß man sich halt an die landesüblichen Sitten. Gerade als Fremder. So, und jetzt nichts für ungut, wegen dieser blöden U-Bahn-Sache. Bleibens g'sund, und bis bald! Sie werden ja hoffentlich schnell wieder kommen, in unser schönes Bayernland und seine Weltstadt mit Herz und Verstand. Oder?

Mythos Bier oder
Die Topographie des Brauens

Die schlechte Nachricht zuerst. Das Bier wurde nicht von den Münchnern erfunden, sondern von den alten Sumerern. Die pantschten schon vor einigen tausend Jahren in der Wüste mit gegorenem Brotteig herum. Nun müssen Sie diese Nebensächlichkeit einem Münchner ja nicht gleich am ersten Tag Ihres Besuches hinreiben. Im Sinne der Völkerverständigung erwähnen Sie besser nichts davon, weil der Münchner immer noch gern an seine Vorherrschaft in allen Bierangelegenheiten glaubt. Also sprechen Sie mit ihm lieber über die gute Nachricht, die da lautet: Anders als diese reinheitsgebotslose Hochkultur im Zweistromland, die wegen dieser ekelhaften Brotteignummer völlig zu Recht untergegangen ist, existiert München immer noch. Und trinkt auch weiterhin fleißig sein ach so reines, feines Bier. Wenngleich die Schreckensbotschaften nicht abreißen, die den Münchner und die Welt mit der üblen Nachrede konfrontieren, der Bierkonsum sei rückläufig. In ganz Deutschland, ja sogar in Bayern. Allerdings müssen Sie jetzt keine Angst haben, bei Ihrem Besuch dem grausamen Tod durch Verdursten anheimzufallen.

Noch ist genug da, und noch sind die Bayern bundesweit Spitzenreiter beim Bierkonsum: 162 Liter trinkt jeder im Jahr, statistisch gesehen. Und die Münchner, zahlenmäßig nicht eigens erfaßt, dürften sogar noch etwas mehr schaffen. Schließlich beginnt das Jahr im März mit der Starkbierzeit und dem Politiker-Derblecken auf dem Nockherberg. Kaum ist die gar nicht so strenge, aber lange Fastenzeit vorbei, folgt im Mai auch schon der Maibock, der quasi nahtlos in die Biergartenzeit übergeht. Am Ende der Biergartenzeit kommt auch schon das Oktoberfest daher und für die staade Winterszeit gibt es auf Weihnachten den Festbock. Ja, wie schnell doch so ein Jahr vergeht. Und trotzdem kommt der Münchner statistisch auf bald 200 Maß. Das ist nicht wenig, möchte man meinen, und doch eigentlich nicht der Rede wert. Denn solche Mengen hätte manch alter Trinker in einer Woche geschafft. So weiß es zumindest die hiesige Geschichtsschreibung, die an Bierlegenden nicht gerade arm ist. Ein gewisser Schorsch Scheßl etwa, Parkettbodenleger im Akkord, soll jeden Pfennig seines Verdienstes in flüssige Nahrung umgesetzt haben. Ein wahrer Ausnahmeathlet, selbst für Münchner Verhältnisse! An einem Tag im Jahr 1929, so berichtete Scheßls Stammwirt, trank der Schorsch vierzig Maß Bier. Er hätte demnach bei kontinuierlicher Leistung den heutigen bayerischen Jahresdurchschnitt bereits nach vier Tagen erreicht. Wie alt man bei einem solchen Lebensstil wird, ist nicht dokumentiert. Unklar ist auch, wann man bei solch zeitraubenden Kraftakten noch Parkettboden verlegen kann. Jedenfalls ist der fleißige Bodenleger zu Lebzeiten nie sozial auffällig geworden. Was bei diesen Mengen aber auch kein Wunder ist. Er soll immer sehr ruhig an seinem Stammplatz im Eck gesessen und den Nutzen seines Bierrabatts ausgekostet haben. Mit dem Wirt hatte er nämlich vereinbart, daß er jede sechste Maß umsonst bekommt.

Das ist in der Tat bemerkenswert, weil umsonst ist bei Münchner Wirten normalerweise gar nichts. Und bei den hiesigen Brauereien schon gleich zweimal nicht. Diese nahezu schwäbische Sparsamkeit hat einen inneren logischen Zusammenhang. Der Münchner Wirt kann gar nicht großzügig sein, weil es die Brauereien gibt. Manche sagen sogar, ein Brauereivertrag sei gleich nach der eigenen Todesurkunde das zweitschlimmste Dokument, das ein Münchner Wirt in Händen halten kann. Und die Münchner Bierkonzerne? Das sind in der Reihenfolge nach ökonomischer Potenz: die Paulaner / Hacker-Pschorr-Gruppe, die Spaten / Löwenbräu-Gruppe, Augustiner und das staatliche Hofbräuhaus.

Ihnen gehören nicht nur all die feinen Gerstensäfte, sondern auch fast alle Kneipen der Stadt und die dazugehörigen Häuserblocks. Über die Pacht diktieren sie den Wirten den Bierpreis. Was dazu führt, daß von den fünftausend Münchner Wirtschaften ein Drittel regelmäßig einen neuen Pächter bekommt, weil dem alten die Luft ausgegangen ist. Nein, großzügig wollen sie nicht sein, die Münchner Brauer, weil es ja schließlich auch noch die Preußen gibt. Da geht es nämlich nicht nur um viel Geld, sondern auch um den Titel Bierhauptstadt Deutschlands. Und den verteidigte über lange Zeit das westfälische Dortmund sehr erfolgreich. Diese Zeiten sind vorbei. Zumindest wenn man dem Verein Münchner Brauereien glauben darf, der kürzlich voller Stolz meldete, daß München die Dortmunder pünktlich zur Jahrtausendwende überholt habe. Mit 5,8 Millionen Hektolitern im Jahr, bei nur 5 Millionen der Ruhrpott-Brauer.

Nicht schlecht, aber mehr ist immer mehr, sagte sich der Münchner Braulöwe Stefan Schörghuber und wollte seine Brauholding kurzerhand mit der viel größeren, aber angeschlagenen Dortmunder Brau und Brunnen AG fusionieren. Über alle landsmannschaftlichen Grenzen hinweg wären Paulaner, Hacker-Pschorr, Auer, Thurn und Taxis und Kulmbacher mit den norddeutschen Jever, Schlösser, Schultheiss und Dortmunder Union unter einem Dach vereint gewesen. Bier verbindet eben. Und die Münchner Abendzeitung jubelte schon: »Der Bier-König von Deutschland – ein Münchner«. Die Fusion scheiterte dann aber daran, daß man sich bei der Bewertung der Reichtümer nicht einig werden konnte. Wahrscheinlich war den Münchnern das norddeutsche Bier wieder einmal zu bitter und zu dünn. Kaum war die preußische Lösung aus den Schlagzeilen, kamen die Holländer ins Gerede. Ein bayerisches Joint Venture mit Heineken? Der Markt ist international, nur die Ängste vorm holländischen

Bier auf dem Oktoberfest, die sind typisch münchnerisch. Auch wenn Bier allein offenbar nicht immer satt macht, zum Verhungern wird es bei Stefan Schörghuber so oder so nicht werden: Immerhin gehören dem Braukönig nebenbei auch noch eine der größten deutschen Bauträgerfirmen, achtzehn Hotels sowie eine eigene Fluglinie mit fünfundzwanzig Großraumflugzeugen.

Waren es Mitte des 19. Jahrhunderts noch sechzig Brauereien in München, so sind es heute noch ganze sechs. Der Ausstoß freilich wird immer größer. Weil solche Mengen aber selbst für den Scheßl Schorsch und seine trinkfreudigen Alt-Münchner Kollegen etwas zu viel gewesen wären, muß an der Isar weiterhin kräftig für den Mythos Bier geworben werden. Deshalb zitiert man auch sehr gerne die Forscher der Technischen Universität München. Vorzugsweise mit dem Satz: Die Lebenserwartung der Menschen, die maßvoll Bier trinken, ist höher als die der abstinent lebenden Menschen. Womit also wieder einmal wissenschaftlich bewiesen wäre, wie gesundheitsbewußt der Münchner eigentlich ist. So gesehen ist der Welt größter Biergarten, der 1901 eröffnete Augustiner mit seinen über fünftausend Sitzplätzen, nichts anderes als ein großes Freiluftsanatorium. Und wer jetzt denkt, dies sei bestimmt ironisch gemeint, der kann ja mal einen eingeborenen Bierdimpfl fragen. Oder in Heinrich Heines »Reisebildern« nachlesen: »»Ironie haben wir nicht‹ – rief Nannerl, die schlanke Kellnerin, die in diesem Augenblick vorbeisprang – ›aber jedes andere Bier können Sie doch haben.‹«

Trotzdem, Bier ist kein Spaß. Auch wenn in manchen Münchner Zeitungsredaktionen der Begriff »bierernst« gern herausredigiert wird mit der Begründung, Bier sei doch alles andere als eine ernste Sache. Aber gerade beim Bier hört sich die Gaudi in München ganz schnell auf. Zum Beispiel, wenn jemand auf die Idee kommt, das elfte Gebot in Frage zu stellen: das sogenannte Reinheitsgebot. Ein langjähriger Vorstandsvorsitzender von Löwenbräu, dessen Bier im Münchner Volksmund auch gern »Lätschenbräu« genannt wird, kam einmal auf diese Idee. Was denn überhaupt der Begriff »rein« bedeute, fragte der intelligente Mann. Und warum Mais-Bier unrein sein solle? Und: »Was heißt das eigentlich für die Böden und das Grundwasser in den Hopfen-Anbaugebieten vor Münchens Toren, wenn Hopfen zehnmal gespritzt wird?« Viele gute Fragen, die leider nicht mehr zu hören waren, weil die empörten Aufschreie noch viel lauter waren. Und als sie dann endlich verhallten, war keiner mehr da, der sich nochmal öffentlich nachzufragen traute. Der Vorstandsvorsitzende war nämlich bereits auf einer Bußwallfahrt zur Wieskirch, wo er noch einmal Abbitte für seinen unverschämten Frevel leisten konnte. Bevor er die Kündigung bekam. Denn merke: Oberstes Gebot in der Landeshauptstadt ist und bleibt das Reinheitsgebot. Und selbiges gebietet, daß an der Reinheit der Münchner Biere nicht gezweifelt werden darf.

Die Qualität der Getränke ist demnach also unbestritten. Obwohl es nicht wenige Münchner gibt, die meinen, für so manches Gebräu brauche man schon viel Humor. Zumindest wenn man es auch noch trinken will. Diese Skepsis gegenüber gewissen heimischen Brauereiprodukten hat in München übrigens eine lange Tradition. Auch wenn es nicht immer so heftig zuging wie 1873. Damals nannte die Münchner Volkszeitung das Bier an der Isar ein Gift, »einen Plempel, der so alle Jahr ein paar hundert Münchner umbringt«. Die Zeitung veröffentlichte eine Liste der »Bierpantscher und Medizinsieder«, mit der Empfehlung, die Münchner sollten sich das »Taferl zum Andenken einrahmen lassen und sammt de Bräuer aufhängen.« Acht Tage Gefängnis bekam der Redakteur, weil die Brauer gegen ihn klagten, auch wenn sie einräumen mußten, daß Chemikalien im Bier keine Seltenheit mehr sind. Die Zeitung konterte mit einer Eingabe ans Gericht, in der »alle ehrlichen Männer und Volksfreunde« auf »Ehre und Gewissen« erklärten, »daß die Münchner Biere mit wenigen Ausnahmen gehaltlos und gesundheitsschädlich sind, so daß deren Genuß Durchfall und Magen- und Unterleibsbeschwerden verursacht. Zu den schlechtesten und gesundheitsschädlichsten Bieren Münchens gehören unstreitig die Fabrikate der hiesigen Großbräuer.« Die Münchner tranken dennoch fleißig weiter. Betrug der Bierverbrauch im Jahr 1868 noch 419 Liter pro Kopf, war er acht Jahre später sogar auf 484 Liter angestiegen. Und der Herr Redakteur? Der mußte seine acht Tage absitzen.

Richtig sauer wird der Münchner eigentlich nur, wenn der Bierpreis steigt. So wie 1874, als die Brauer von acht auf neun Kreuzer erhöhten. Das Volk drohte sogar mit einem Bierstreik. Freilich, der Geist war willig … Aber was sollte man sonst trinken? Also verzichtete man auf einen Generalstreik und besann sich darauf, die Brauer einzeln und zeitlich versetzt zu boykottieren. Von 1. bis 15. Juli kein Spaten-Bier, von 15. bis 30. Juli kein Pschorr, und so weiter. Bis ihnen das Bier sauer wurde, den Wucherern. So jedenfalls war der Plan.

Die Revolution konnte allerdings nicht ganz so systematisch durchgeführt werden, wie es dieser gutgemeinte Plan vorsah. Dennoch schien die Aktion zu fruchten. Die »Neue freie Volks-Zeitung« jedenfalls jubelte und gab Durchhalteparolen an die Münchner Arbeiter heraus: »Alle Wirte sind zum Nachgeben bereit – die Bresche ist geschossen – nun geht es zum Sturm gegen den Kapitalistenübermuth der das Volk in unerhörter Weise ausbeutenden Bräuer.«

Auch wenn es wegen des Bierpreises gelegentlich zu Ausschreitungen, ja sogar zu Toten gekommen sein soll, so gilt doch die eherne Regel: Revolutionen in Bayern scheitern grundsätzlich gerne und zwar meist am Pragmatismus der Eingeborenen. Die Bierrevolution jedenfalls scheiterte am Durst, weshalb sich die Brauer mit ihrem erhöhten Bierpreis langfristig auch durchsetzen konnten. Geblieben ist von diesem kurzen Sommer der Revolte nur das zum Ritual verkommene reflexartige Aufstöhnen der Münchner Tageszeitungen, wenn es alljährlich heißt: »Auch das noch! Wiesn-Maß schon wieder teurer!«

Womit wir beim sogenannten Fest der Feste wären, beim Bierfest schlechthin, was auch gut so ist, denn schließlich darf kein München-Buch jemals eine Buchhandlung verlassen, ohne daß die Buchstaben-Kombination O-k-t-o-b-e-r-f-e-s-t oder W-i-e-s-n im Textteil vorkommt. Was hiermit geschehen ist.

Nur ein paar Anmerkungen: Die Wiesn ist für den Münchner wie Weihnachten für Erwachsene. Schon im Vorfeld gibt es viel zu viel Remmidemmi darum, es wird dauernd drüber geredet und geschrieben, und wenn es dann endlich soweit ist, geht man selbstverständlich auch hin, weil man halt hingeht und weil es Brauch ist, aber erwarten tut man sich wenig davon, ja eigentlich ist man eher genervt vom ganzen Rummel. Nur Kinder, Preußen, Australier, Italiener und Japaner glauben noch wirklich an das Münchner Wiesn-Christkindl und freuen sich so richtig über die vielen bunten Lämpchen, die Fahrgeschäfte und die Superlative: Sechseinhalb Millionen Besucher! Uiii! Fünf Millionen Maß Bier! Uiiii! 600000 tote Brathendl! Uiii! 60000 mal abbes Bein vom Schwein! Uiiiii! 300 Zentner toter Fisch! Uiiii! Über achtzig Ochsen! Uiii! Ein Oberbürgermeister, der nur zwei Schläge braucht bis »Ozapft is!« Ui, Uiii! Studierte Konservatoriumsmusiker, die vier- bis fünfmal in der Stunde »Ein Prosit, ein Prooosit!«, spielen! Ui, Ui, Ui, Uiiiiii! Nur mehr eine Münchner Brauerei, die ihr Bier nicht im Container sondern in Holzfässern ausschänkt! Pf-Uiiiii! Und der Rest: eine mega-affengeile Dauerübertragung der Wahnsinns-Web-Cam-Wiesn-Party. Alle drei Meter ein Fernsehteam, das darauf wartet, bis sich ein paar Besoffene ausziehen oder bis irgendein Mosi samt Daisy aus der VIP-Box zum Bieseln wackelt. Herzlichen Dank!

Der Münchner bleibt skeptisch. Aber Räusche gibt es trotzdem wieder jede Menge, so wie alle Jahre, seit der Kronprinz und spätere König Ludwig I. seine Therese von Sachsen-Hildburghausen geheiratet und seine lieben Münchner Bürger dazu auf die grüne Wiese eingeladen hat. Die Münchner übrigens revanchierten sich für die Einladung der Wittelsbacher bis heute nicht mit einer Gegeneinladung. Obwohl so mancher Wittelsbacher seit zwei Jahrzehnten darauf warten würde. So darf zum Beispiel der Prinz Luitpold von Bayern, seines Zeichens echter Wittelsbacher und Brauherr von Kaltenberg, kein Bier auf der Wiesn ausschenken, obwohl sein Ururur-Opa die ganze Gaudi erst ins Leben gerufen hat. Wofür der Münchner sich auch gern artig bedankt. Doch – Gaudi hin, König her – beim Geld hört sich die Gemütlichkeit auf. Vor allem, wenn sechzig Millionen Mark Bierumsatz in gut zwei Wiesnwochen zu vergeben sind. Solche Kuchen teilt man eben nicht gern. Deshalb dürfen auch nur ortsansässige Brauereien den Durst der Festbesucher löschen. Und wieder einmal muß der bayerische Patriotismus für handfeste Interessen herhalten, weil es den Verantwortlichen natürlich nicht zu schlicht ist, alle möglichen weiß-blaudümmelnden Argumente aus der Trickkiste zu ziehen. Zum Beispiel, daß am Ende noch die ganzen preußischen Brauer daherkämen und den Charakter der Wiesn zerstören würden. Der Wittelsbacher-Prinz jedenfalls steht wie alle Brauer aus dem Umland mit der Nase an der Scheibe und darf zuschauen. Da halfen ihm auch keine Tricks oder Gewaltakte.

Probiert hätte er es freilich schon: 1983 gründete er eigens eine Filiale in München, um als Ortsansässiger zu gelten. Aber die Stadt stellte sich stur. Auch der Antrag auf eine mobile Brauerei in den Straßen Münchens wurde abgelehnt. Was den Prinzen natürlich wütend machte. Deshalb stürmte er 1987 auf einem Pferdewagen mit Bierfässern die Festwiese. Das Ergebnis: eine Strafanzeige wegen Nötigung, Beleidigung und Widerstand gegen die Staatsgewalt. Wo aber Adelslist und Handstreich versagen, da setzt der schlaue Prinz aufs Volk. Nach einer von ihm in Auftrag gegebenen Umfrage des Münchner Peinelt-Instituts wünschen sich 61 Prozent der befragten Münchner, daß Bier aus den Umlandbrauereien auf der Wiesn ausgeschenkt werden soll. Geholfen hat freilich auch das nichts.

Und so wichtig ist es dem Münchner letztlich auch wieder nicht. Schließlich weiß er selbst bei den heimischen Bieren, was der Edelstoff und was der weniger edle Stoff ist. Zumindest theoretisch. Bei Blindverkostungen kommt es allerdings immer zu ganz anderen Ergebnissen als erwartet. Und die allerwenigsten Brauer, so erzählt man sich, erkennen bei solchen

Tests ihr eigenes Bier. Trotzdem, Sie als Besucher Münchens dürften schnell herausfinden, welches Ihnen am liebsten ist. Und wenn Sie dann immer noch die Lust auf eines der Umlandbiere überkommen sollte, dann fahren Sie am Wochenende doch einfach mal aufs Land. Nach Stein an der Traun, nach Thann im Rottal oder zum Weißbräu nach Graming bei Altötting.

Beim Zurückfahren sollten Sie allerdings aufpassen. Denn Alkohol am Steuer könnte auch in München zum Problem werden. Die Polizei ist da recht ungemütlich geworden. Nicht, daß die Beamten allesamt Abstinenzler wären. Ein Polizeichef aus dem nahen Gauting etwa wurde in seinem Privatwagen von Kollegen gestoppt. Der Bluttest ergab stattliche 2,1 Promille. Feucht-fröhlich ging es auch in einer Münchner Polizeiinspektion zu, als zwei Beamte einen Tag vor Silvester schon ein wenig vorfeierten. Offenbar aus Mangel an Silvesterraketen griffen die beiden zu ihren Dienstwaffen und schossen insgesamt vierunddreißigmal auf ein Fahndungsplakat, das über der Kaffeemaschine hing. Weil man in Bayern aber nicht auf Fahndungsplakate zu schießen hat, und schon gleich gar nicht besoffen, erließ der bayerische Innenminister eine Verordnung, die dazu führte, daß plötzlich ganz viel Stauraum in den Schreibtischen der Polizei frei wurde: Generelles Alkoholverbot! Auch vor dem Dienst. Ja mehr noch: Sogar alkoholfreies Bier ist untersagt. Wegen der Fahne. Wenn Sie als Besucher jetzt aber von einem Münchner Polizisten angehalten werden, und eine solche Fahne dabeihaben, und sei es nur eine ganz lausige, vom alkoholfreien Bier, dann kann es Ihnen schon passieren, daß der Beamte furchtbar neidisch auf Sie wird, weil er doch selbst nicht mehr darf. Ja und dann … Dann könnte es passieren, daß so ein Beamter einfach die Nerven verliert. Das zumindest sagen Polizeipsychologen. Aus gegebenem Anlaß. Der Fall war durch die Presse gegangen: 1998 hatte ein junger Polizist auf dem Oktoberfest einige Besucher sauber aufgemischt: »Mehrfache Körperverletzung im Amt«. Zwei Jahre später hat der Polizeipsychologe der Öffentlichkeit dann erklärt, wie so etwas zustande kommen kann: »Wo alle feiern, muß der Beamte nüchtern auch in dem Sinn sein, daß er in jeder Lage cool bleibt.« Irgendwie schon unmenschlich, da hat er recht, der Psychologe!

Mythos Vergangenheitsbewältigung

Ob es wohl Zufall ist, daß das Buch »Hitlers München« von einem Amerikaner geschrieben wurde? Wohl kaum. Auch wenn die Stadt seit einigen Jahren eine sehr gute Geschichtsarbeit leistet, auch wenn es immer schon engagierte Bürger und Gruppen gab, die sich mit dem Nationalsozialismus kritisch auseinandersetzten – München hat doch allzu lange Zeit versucht, die braune Vergangenheit einfach zu verdrängen. Bei Jubiläen richtete man den Blick lieber auf die heiteren, glanzvollen Kapitel der Stadtgeschichte. Der Historiker David Clay Large, Verfasser des oben erwähnten Werkes, schreibt dazu: »Zu Beginn der 1990er Jahre setzte in München, nach mehr als einer Generation hinhaltenden Widerstandes, ein ernsthaftes und gezieltes Bestreben ein, die Auseinandersetzung mit der schwierigsten Periode in der jüngeren Geschichte der Stadt zu suchen: ihrer Rolle als Geburtsstätte des Nationalsozialismus und symbolische Hauptstadt des Dritten Reiches.«

Heute gibt es Ausstellungen, Vorträge, Diskussionsrunden, Forschungsberichte – München erinnert sich.

Besser spät als nie, könnte man sagen. Und doch gibt es auch immer noch jenes andere München, das nie was gewußt und nie was dazugelernt hat. Das wurde recht deutlich, als die Ausstellung über die Verbrechen der Wehrmacht in der Stadt gezeigt wurde. Nirgendwo sonst in der Republik hat sie für soviel Aufregung gesorgt, nie zuvor sah man auf dem Marienplatz so viele geifernde Lodenmäntel, die gegen eine vermeintliche »Verunglimpfung« ihrer geliebten Wehrmacht wetterten. Angeheizt von rechtskonservativen Münchner Politikern wie Peter Gauweiler, der lieber über die Vergangenheit der Ausstellungsmacher herzog, als über die Geschichte seines eigenen Vaters zu reden. Auch wenn die Ausstellung später in Teilen revidiert werden mußte, so bleibt doch ihr Tenor bis heute gültig und ist seit vielen Jahren *Common Sense* in allen seriösen wissenschaftlichen Arbeiten über das Thema: Die Wehrmacht war wesentlich beteiligt an Hitlers Vernichtungskrieg im Osten.

Doch die hitzige Wehrmachtsdebatte ist nicht das einzige Beispiel dafür, wie schwer sich manche Münchner mit der Vergangenheit heute noch tun. Die Diskussion um die Entschädigung der ehemaligen Zwangsarbeiter zeigt es noch viel deutlicher. In München gab es während des Krieges über 400 Lager, in denen Zwangsarbeiterinnen und Zwangsarbeiter interniert waren. Im September 1944 zählte das »Gauarbeitsamt München« 121 000 »ausländische Zivilarbeiter«. Als die Debatte über die Entschädigung der noch Lebenden einsetzte, hatten sich nur sehr wenige deutsche Firmen – vor allem Großunternehmen – freiwillig der Stiftungsinitiative zur Entschädigung von Zwangsarbeitern in der NS-Zeit angeschlossen: Allianz, BASF, Bayer, BMW, Daimler-Chrysler, Siemens oder Volkswagen hatten den Kopf aus dem Sand gezogen und sich den Forderungen gestellt. Im internationalen Geschäft auf ihren Ruf bedacht, konnten sie sich nach jahrzehntelangem Schweigen das Wegducken nicht mehr leisten. Und was war mit den zahlreichen anderen? Es waren ja längst nicht nur die großen Rüstungsschmieden und Industriefirmen, die sich gern der insgesamt zehn bis zwölf Millionen zwangsrekrutierten »Fremdarbeiter« bedienten. Vom Landwirt bis zum Bäcker, vom Handwerksbetrieb bis zum mittelständischen Industriellen, von der Reichsbahn über die Post bis zu den Stadtwerken – Zwangsarbeit war ein flächendeckendes Phänomen.

Bei all diesen Fragen lag es nahe, mit einigen Münchner Firmen zu telefonieren, die nachweislich solche Zwangsarbeiter hatten. Manchmal waren es sehr kurze Telefonate.

Vielleicht hatte der Sprecher der Stiftungsinitiative der deutschen Wirtschaft doch recht mit seinem harten Urteil. Die deutschen Unternehmen, sagte Wolfgang Gibowski, duckten sich beim Thema NS-Zwangsarbeiter weg wie »die Hasen vor dem Jäger«.

Eine Erfahrung, die Jahre zuvor schon einmal ein paar Münchner machen mußten.

Um die Erinnerung wach zu halten an die über

100 000 Männer und Frauen, die vor allem aus Osteuropa nach München zwangsrekrutiert, dienstverpflichtet oder deportiert wurden, gründete sich Ende 1993 in München ein Verein namens Projekt Erinnerung e.V. Ein Initiator war der Historiker Andreas Heusler, der auch eine wissenschaftliche Studie über die Zwangsarbeiter in der Münchener Kriegswirtschaft veröffentlicht hat.

Der Verein organisiert alljährlich ein Besuchsprogramm für ehemalige osteuropäische Zwangsarbeiter. Zehn Besucher für eine Woche in München, kosten etwa 20 000 Mark. Die Hälfte davon zahlt die Stadt München. Die andere Hälfte sollten jene heute noch existierenden Firmen aufbringen, die einst an den Zwangsarbeitern verdient haben. Heusler startete eine Briefaktion: »Das Ergebnis war schon im ersten Jahr ernüchternd«, sagt der Historiker: »Von 75 angeschriebenen Unternehmen reagierten 55 überhaupt nicht.« Nur fünf waren bereit zu spenden. Eher kleinere Beträge wurden gegeben, 2000 bis 5000 Mark, meist von großen Firmen wie BMW oder Daimler. Die anderen gratulierten dem Verein artig zu der guten Idee, sahen jedoch keinen Bedarf, finanziell etwas beizutragen – mit teilweise abenteuerlichen Begründungen. So antwortete ein großer süddeutscher Bremsenhersteller, daß weder Einzelpersonen noch betroffene Unternehmen »für das Leid der Zwangsarbeiter verantwortlich gemacht« werden könnten.

Auch sonst blieben die ehemaligen Nutznießer-Firmen höchst zurückhaltend. Für die Deutsche Post

AG war eine Geldspende »aus haushaltsrechtlichen Gründen« nicht möglich. Ein Münchener Kreditinstitut bekundete »Respekt und Achtung« vor dem Projekt – mehr auch nicht. Ein anderes Münchener Bankhaus schickte die Absage via Formbrief. Und ein Automobilgroßhändler, dessen Firma früher 77 Ostarbeiter beschäftigte und sogar für die Verwaltung eines Sammellagers zuständig war, antwortete auf Heuslers Anfrage: »Da wir unseres Wissens hiervon nicht betroffen sind, sehen wir dieses Schreiben als gegenstandslos an.«

Aber alles Leugnen half nichts. Der Druck auf das Kartell der Neinsager wurde stärker. Auch in München. Der Stadtrat richtete einen dringenden Appell an die Unternehmen, sich an der Stiftung zu beteiligen. Von 12 800 angeschriebenen Firmen waren bis Ende Juni allerdings erst 157 Münchner Betriebe dem Stiftungsfonds beigetreten.

Aussitzen hieß deren zynische Devise. Man setzte offenbar auf die biologische Lösung des Problems. Was einige Münchner so verärgerte, daß sie die »Stadtteilinitiative Isar 12« gründeten und recherchierten, welche Firma in ihrer Nachbarschaft Zwangsarbeiter beschäftigt hatte und bisher nichts bezahlte.

Flugblätter kamen in Umlauf, auf denen der Brillenhersteller Rodenstock zum Zahlen aufgefordert wurde. Der erklärte daraufhin umgehend, er habe seinen Beitrag zur Entschädigung bereits zugesagt. Auch das Haus Loden-Frey konnte nach einigem Hin und

Her von den engagierten Münchnern »überzeugt« werden. Ebenso die Firma Opel Häusler, die im Krieg sogar über ein eigenes Zwangsarbeiterlager verfügt hatte, und die der Bürgerinitiative zunächst mit einer Unterlassungserklärung drohte.

Auch wenn das Engagement der Münchner Bürger deutlich macht, daß die Stadt heute viel dazu gelernt hat, so bleibt doch ein übler Nachgeschmack durch das Verhalten einiger Unternehmen. In einer Zeit, in der die deutsche Wirtschaft brummt und gerade München sich als Boomtown feiert, mag das Zögern dieser Firmen mehr als verwundern. Man könnte auch sagen, daß durch dieses Verhalten eines der schäbigsten Kapitel in der deutschen Wirtschaftsgeschichte geschrieben wurde. München, das als ehemalige »Hauptstadt der Bewegung« eine besondere Verantwortung trägt, ist da alles andere als eine rühmliche Ausnahme.

Lang lebe der König!

Wenn Sie durch die Innenstadt Münchens streifen, werden Sie an so manchem Laden vorbeikommen, der bajuwarische Devotionalien für Touristen auf der Durchreise bereithält. Wappen weiß-blau, Löwe und Raute, »Freistaat Bayern« als Aufkleber, Anstecker, Wimpel oder Bierfilzl. Dabei darf natürlich das Bild eines Mannes nicht fehlen, der mit seinem Oberlippen- und Kinnbart auf manchen Darstellungen aussieht wie ein schwuler Friseur zur Faschingszeit. Was selbstredend nicht an König Ludwig II. liegt, sondern nur an der schlechten Darstellung durch die Devotionalienindustrie. Dennoch sollten Sie despektierliche Bemerkungen über den Herrn besser nicht aussprechen, denn Sie treffen damit manche Eingeborenen tief in ihrem Stolz. Man sagt den Bayern ja immer schon ein enges Verhältnis zum Hause Wittelsbach und zur Monarchie nach. Das ist richtig und gleichzeitig auch wieder nicht. Denn es gibt in der Stammesgeschichte durchaus einige Kurfürsten und Könige, die es gar nicht leicht mit ihrem renitenten Volk hatten. Vor allem in München nicht. Und vor allem dann nicht, wenn sie eine Art geistige Fremdherrschaft über die Stadt und das ganze Land zu bringen drohten. Im 18. Jahrhundert soll der aus der Pfalz stammende Kurfürst Karl Theodor bei den Münchnern so unbeliebt gewesen sein, daß sie bei seinem Tod 1799 in Jubel ausbrachen. »Man läutete bey den Theatinern und die ganze Stadt fing endlich an, frey zu atmen ... Man hatte heute nur eine Gesinnung und man zerstieß sich taumelnd die Gläser in den Händen, um selbe Recht zu bekräftigen. Den Mannheimern, die man überlaut hohnneckte, war anders zu Muth. Die meisten verdientens nicht besser, und sie haben uns seit 1779 arg genug mitgespielt.« Da half es auch nicht, daß der Mannheimer so viel Gutes für München und seinen heute so oft zitierten Freizeitwert getan hat. Nicht zuletzt verdankt die Stadt ihm den Bau des immer noch weltweit einzigartigen Englischen Gartens. Aber da ist der Münchner undankbar: Rollerblading hin, Nacktbaden her! Pfälzer bleibt Pfälzer!

Auch König Ludwig I., der als größter Mäzen des modernen München gilt und den Bau des Königsplatzes, der Pinakotheken, der Feldherrnhalle und der prunkvollen Ludwigstraße veranlaßte, mußte in ohnehin revolutionären Zeiten erkennen, daß mit dem Münchner Bürgertum nicht gut Kirschen essen ist. Vor allem dann nicht, wenn es um Geld, Macht und Moral geht. Auch und gerade dann nicht, wenn es sich um besonders dralle und süße Kirschen handelt. Maria Dolores Eliza Rosanna Gilbert hieß das süße Früchtchen, das den Stein des Anstoßes gewissermaßen in sich trug. Die attraktive Tänzerin kreo-

lisch-schottischer Herkunft hörte auf den Künstlerna-
men Lola Montez und soll den alten König schon bei
der ersten Begegnung stark beeindruckt haben. Auf
die königliche Frage »Kunst oder Natur?«, soll sie – so
will es die bayerische Gerüchteküche – kurzerhand ihr
Kleid aufgeschnitten, das Oberteil gelüpft und Seiner
Majestät die Brüste gezeigt haben. Der Kini wiederum, keineswegs ein Kostverächter, nahm die beiden
guten Gründe zur Kenntnis, stellte Lola Montez als
königliche Mätresse ein und sponserte die durchaus
Anspruchsvolle mit nicht unerheblichen Geldsummen
aus dem königlichen Säckel. Selbst wenn die Oben-
ohne-Variante nicht der Wahrheit entsprechen sollte,
ist sie doch trefflich erfunden. Denn sie drückt doch
recht genau aus, was die Münchner über Lola und den
liebestollen Monarchen seinerzeit gedacht haben. Für
kräftige moralische Entrüstung gab es im katholisch-
bigotten München jener Tage ja nicht zuletzt die ul-
tramontanen Kräfte. Als sich die schöne Lola dann
aber auch noch so manche Frechheit gegenüber den
Münchner Geschäftsleuten herausnahm und sich in
die Politik einmischte, war das Maß voll. Der Haß der
Münchner wurde grenzenlos, und Ludwig I. schickte
seine Lola aus der Stadt, weil er fürchtete, sie könne
einem Lynchmord zum Opfer fallen. Kurze Zeit später dankte er unter dem Eindruck der 48er-Revolu-
tion gleich selber ab.

Auch sein Sohn und Nachfolger Maximilian II. bekam Gegenwind zu spüren, und es war bestimmt
nicht der lauwarme Föhn, sondern eher ein eisiger

Frostwind. Als Förderer der Wissenschaften holte Maximilian Gelehrte und Schriftsteller aus anderen Teilen Deutschlands in die Stadt. Die Münchner dankten ihm diese Green-Card-Aktion nicht. Auch wenn die Herren Gelehrten über Bayerns Grenzen hinaus hohe Reputation genossen, »Preißn« waren sie allemal. Und das reichte den Münchnern, um die »Nordlichter«, wie sie in der Lokalpresse genannt wurden, auszugrenzen. Schließlich galten die hierzulande als arrogante Schnösel. Ein Vorurteil, das sich an der Isar bis heute nicht ganz aus der Welt schaffen ließ.

Ein König allein macht es in München also noch nicht, selbst wenn der Hang zur starken Hand in Teilen des Stamms irgendwo genetisch verankert zu sein scheint. Ganz besonders in aufgeregten Zeiten, wie folgende Anekdote aus dem revolutionären München nach dem Ersten Weltkrieg zeigt. »Jetzt huift nur noch eine Anarchie«, soll ein empörter Münchner gefordert haben. Worauf sein Spezl antwortete: »Schon, aber an g'scheiden Anarchen brauchad ma no!« Nur wer keine Bayern kennt, würde hier von einem Paradoxon sprechen. »Sechzig Prozent Anarchisten, die alle CSU wählen«, hat der Dramatiker Herbert Achternbusch über seine Landsleute einmal gesagt. Und wer jemals den Stammeshäuptling Franz Josef Strauß in der Passauer Nibelungenhalle beim politischen Aschermittwoch erlebt hat, weiß, wie recht der Dichter damit hat.

Aber das ist ja Bayern, und hat folglich mit München gar nicht so viel zu tun. Oder doch? Wie im ganzen Freistaat gibt es auch in München noch immer ein Häuflein von Aufrechten, das sich treu um die Fahne des Königs schart. Gemeint ist natürlich der berühmteste und beliebteste aller bayerischen Herrscher, Seine Majestät König Ludwig II. Wie kein anderer und ohne es eigentlich zu wollen, verstand er es lange über seinen Tod hinaus, auf der Klaviatur der lokalen Befindlichkeiten zu spielen. Ohne sich dabei zeitlebens populistisch angewanzt zu haben. Im Gegenteil, mit dem gemeinen Pöbel hatte dieser Schöngeist nicht viel zu tun. Er ging ihm aus dem Weg, wo es nur ging. Am liebsten zog er sich in seine schwülstigen Märchenschlösser zurück. Mit Untertanen hatte er jedenfalls wenig im Sinn. Es wird sogar überliefert, daß Ludwig II. seine Lakaien gelegentlich ohrfeigte und ihnen ins Gesicht spuckte, wenn er zornig war. Für seine Anhänger wohl dennoch kein Grund, dem Wittelsbacher, der vom absolutistischen Sonnenkönigtum träumte, abzuschwören. Zur Not geht so was auch heute noch als »bayerische Art« durch.

Ein Melancholiker war er, ein trauriger Held, ein Spinner, ein Träumer. Als friedliebend und Kultur fördernd preisen ihn sein bayerischen Jünger auch heute noch. All die schönen Schlösser ... und überhaupt, der Kini steht für alles, was dem Bayern heute vermeintlich fehlt. Der Idealtypus des Anarchen, des identitätsstiftenden Märchenprinzen, der an der Macht ist und dennoch keine ausübt, weil er sie gar nicht haben will. Aber: Wozu braucht man so was?

»Meine Ansicht ist die«, sagt der Huber, »man soll

überhaupt nicht soviel denken, wenn man schon denkt, soll man nur an schöne Sachen denken.« Worauf der Meier antwortet: »Da hab'n Sie schon recht, Herr Huber, aber was nützt mich das, wenn ich zur Mittagszeit an eine schöne gebratene Gans denke, und meine Frau stellt mir dann einen Hafen Kartoffeln auf den Tisch.«

Wie den beiden Herren in Karl Valentins Stammtischgesprächen, geht es auch heute noch manch bayerischem Monarchisten. Tagaus, tagein denkt er an seinen geliebten Märchenkönig Ludwig II. Und kriegt dann doch alle vier Jahre bloß einen Stoiber serviert. Oder einen Schröder. Oder gar einen Johannes Rau, der als Bundespräsident das monarchische Prinzip in unserem Gemeinwesen repräsentiert. Aber so ein westfälischer Ersatz-Kini ist im Vergleich zu einem g'standenen Wittelsbacher für einen bayerischen Patrioten wie Kunsthonig und Gelee Royale.

Ja mei, könnte man sagen, irgendwas fehlt halt immer. Und wenn's bloß ein König ist. Was andrerseits ja auch Vorteile hat, denn schließlich beschert uns das monarchische »missing link« jedes Jahr Veranstaltungen, die einem, wenn schon nicht ans Hirn, so doch wenigstens ans Herz wachsen könnten: die Treffen der Königstreuen Patrioten.

Kreuzbrave und friedliebende Menschen aus ganz Bayern und natürlich auch aus München werfen ihre von Hopfen und Schwein wohlgeformten Körper ins Geschirr und rücken in der Miesbacher, der niederbayerischen oder gar der fränkischen Tracht an. Es sind schon einmal mehr Besucher gewesen, zu Georg Lohmeiers königlich-bayerischen Zeiten. Heute kommt vor allem der harte Kern aus den fünfzig weiß-blauen, Patrioten- und König-Ludwig-Vereinen. Und es ist jedesmal ein besonderes Erlebnis. Back to the Future, auf zu einer ganz besonderen Reise in die Vergangenheit.

Überwiegend älter und zutiefst männlich sind sie, die Patrioten, die beim zweiten oder dritten dunklen Bier auf den Kini anstoßen, um dann einen reschen Schweinsbraten zu verzehren oder einen flotten Dreier-Schafskopf zu spielen: »Fuchzgerl-Zwoa Mark, es san ja koane Armen ned dabei!« Gern erinnert man sich an die gute alte Zeit des Königreichs, kämpft gegen den Verlust des bayerischen Erbes und für den Erhalt der bayerischen Hochsprache. Identitätsstifter wollen sie sein, gegen kulturelle »Unterwürfigkeit und Minderwertigkeitskomplexe« des Volksstammes. Weltoffen? Ja schon, aber eben bayerisch. Bei solchen Reden klatscht dann auch der Fonsi aus Unterföhring bei München wie ein Wilder. Hauptberuflich verkauft der Oberbayer Großcomputer. Und zu seiner Tracht gehört natürlich das atavistisch anmutende Charivari, mit Adlerkralle, Wildschweinhauern und einem Eckzahn vom Herrn Fonsi selber. Laptop und Lederhosen, Charivari und Shareware – das Klischee vom modernen und zugleich traditionsverhafteten Wirtschaftsstandort Bayern mit seiner Boomtown München – hier ist es auf eigentümliche Weise Wirklichkeit geworden.

Politisch wird es bei den Reden der Monarchisten

immer nur ein bißerl. Da frotzelt man gegen schwarze Konten und dubiose Spenden. Aber eher zurückhaltend. Weil insgeheim wählen ja doch viele noch die CSU. Dabei ist es noch gar nicht lang her, daß bei den Königstreuen einige stramme Monarchisten so richtig loslegen wollten. Ernst wollten sie wieder machen, mit dem Königtum in Bayern. Aber diese Zeiten sind auch vorbei. Heute legt man viel Wert auf das Bekenntnis zur bestehenden Ordnung und zur Demokratie. Denn irgendwie hängt der königlich-bayerische Patriot auch an der Republik, auf deutsch am »Freistaat«. Den hat bekanntlich ein Herr namens Kurt Eisner, seines Zeichens Sozialist aus dem fernen Berlin, in Bayern eingeführt. Und wer weiß, vielleicht gibt's irgendwann einmal beim Patriotentreffen neben der Ludwig-Zwo-Medaille auch die Kurt-Eisner-Plakette auf Hirschhorn zu kaufen. Wunder wär's keins! Da sind die Königstreuen nämlich wie ihr Vorbild Ludwig II., der einst gesagt haben soll: »Ein ewig Rätsel will ich bleiben, mir und den anderen.«

Rätsel hin oder her: In jedem Fall stellen die Königstreuen Jahr für Jahr im Bierdunst und Zigarrenqualm die Frage aller Fragen, die insgeheim eh schon alle beantwortet haben. Die »Königsfrage« nämlich, frei nach Ludwig Thoma, und somit garantiert voller Spott und bayerischer Selbstironie: »Und überhaupts, die Bayern sind / Verlassen wie ein Waisenkind. Sie fragen sich und seufzen schwer / Bleibt denn der Thron noch immer leer?«

Allerdings gibt es da noch die König-Ludwig-Hard-core-Fraktion. Und die tritt weniger bierselig und ge-mütlich auf, sondern mutet eher düster bis martialisch an. Guglmänner nennen sie sich, die patriotischen Herren, die immer anonym und maskiert antanzen. Es sieht ein bißchen nach Ku-Klux-Klan aus, wenn dieser Geheimbund mit seinen schwarzen Kapuzen, Handschuhen und langen Umhängen stolz das Wap-pen seines Königs zeigt. Mittelalter live also, und doch mittendrin im 21. Jahrhundert. Denn abgesehen von sporadischen Auftritten in Kapuze und Umhang of-fenbaren sich die Geheimbündler ausschließlich im Internet: »Die Guglmänner gelten seit der Pestzeit als Symbole des Todes und der Ermahnung der Leben-den; Abordnungen der Guglmänner schritten bei den Beisetzungsfeierlichkeiten für die bayerischen Monar-chen stets dem Sarg voraus, angetan mit schwarzen Mönchskutten, Haupt und Antlitz bedeckt von einer schwarzen Gugl (Kapuze), in den Händen zwei ge-kreuzte Fackeln sowie die kostbaren Wappenschilde der verblichenen Bayernherrscher, ein schaurig-erhe-bender Anblick, der getreu dem Wahlspruch: Media in vita in morte sumus – mitten im Leben sind wir vom Tod umgeben – an die Vergänglichkeit alles Irdi-schen gemahnen sollte.«

Auch das ist München. Die Stadt hat bei obskuren männerbündelnden Geheimorganisationen ja ihre unselige Tradition. Auch wenn die Guglmänner mit ihren Zorro-Spielchen doch eher unter die Rubrik Folkloristisches fallen. Man tritt der Organisation der

Guglmänner übrigens nicht bei, sondern wird erwählt und beginnt dann die Kletterpartie auf der hierarchischen Leiter des Bundes. Erst in der dritten Stufe als Chevalier bekommt der Schildknappe die Gugl, also jenes Kleidungsstück, das für die Corporate Identity des Clubs entscheidend ist. Aber nichts Genaueres weiß man nicht! Der Orden der Guglmänner lebt und wirkt im geheimen; weder die Zahl der Mitglieder, noch die Statuten, noch die Namen, noch die Versammlungsorte wurden jemals veröffentlicht. Die Guglmänner sind laut Selbstauskunft überall dort als Mahner und Warner zugegen, wo »das Andenken unseres geliebten Königs nicht die gebührende Achtung findet.«

Zum Beispiel in der Geschichtswissenschaft. Dort kursiert nämlich immer noch die Theorie vom Selbstmord des geistig verwirrten Königs. So genau weiß man allerdings nicht, was an jenem Pfingstsonntag anno 1886 im Park von Schloß Berg am Starnberger See vorgefallen ist, nachdem der König kurz zuvor aus dem Verkehr gezogen und in Hausarrest gesteckt wurde. Jedenfalls fand man die Leichen des entmündigten Königs und seines Psychiaters Gudden noch in derselben Nacht im See. Der Stoff für zahlreiche Mythen und Legenden. Der Münchner Schriftsteller Carl Amery sieht darin vor allem den Stoff, aus dem keltische Heldengeschichten wie die Artussage gemacht werden. Mit allen Zutaten, bis hin zu einem »unheimlichen, immer noch nicht schlüssig aufgeklärten Tod im See Avalon.«

Der Nährboden also, auf dem die rege Phantasie der keltisch geprägten Bayern gedeihen kann und so manche Verschwörungstheorie entsteht. Die Guglmänner jedenfalls wollen nicht hinnehmen, daß der König erst seinen Psychiater Gudden und dann sich selbst getötet haben soll. Sie sind vielmehr fest davon überzeugt: »Es war Mord!« Bismarcks preußischer Geheimdienst soll den politisch inopportunen Wittelsbacher kaltgemacht haben. Die Rede ist von einem Pistolenschuß. Und für diese kühne These werden fleißig alle Beweise gesammelt. Allein, der entscheidende fehlt. Den könnte nur ein Blick in den Zinnsarg des Königs bringen, meinen die Guglmänner, und fordern die Öffnung des vermeintlich letzten Ruhestätte in der Münchner Michaelskirche. Weil die Familie der Wittelsbacher aber offiziell untersagt hat, daß in den sterblichen Überresten des Märchenkönigs gewühlt wird, mußten sich die Guglmänner mit einer Nacht- und Nebel-Aktion behelfen. Sie schlichen sich in die Gruft und filmten mit einer Spezialkamera die Unterseite des Sargs. Dabei wollen sie Schweißnähte und ein großes Loch entdeckt haben. Für sie der endgültige Beweis dafür, daß der König gar nicht mehr drinliegt.

Der schaurige Fototermin der Radikal-Ludovizianer wiederum war den herkömmlichen König-Ludwig-Vereinen zu pietätlos. »Die Grabesruhe in der Wittelsbacher Gruft muß sichergestellt werden«, forderte der Chef des König-Ludwig-Clubs München. Sogar an den bayerischen Innenminister Beckstein wandten sich die braven Ludwig-Freunde, damit dieser veranlasse, die Gruft in der Michaelskirche nur mehr an Feiertagen zu öffnen. Auch das erzbischöfliche Ordinariat schaltete sich empört ein und verurteilte das rechts- und sittenwidrige Verhalten der Guglmänner. Das Hausrecht in der Gruft hat allerdings der Wittelsbachische Ausgleichsfond, und der will die Gruft erst einmal nicht schließen. Noblesse oblige. Im Hause Wittelsbach steht man über solch profanen Kindereien.

Und die gemäßigten Ludwigstreuen wollen es ohnehin nicht so genau wissen, wie der König gestorben ist. Die Hauptsache ist, daß der zu Lebzeiten heftig kritisierte Schloßbauer, tot ist. Schließlich geht es um einen bayerischen Mythos und den will man sich in München nicht kaputtmachen lassen. Weder von Kapuzenmännern mit Spezialfotoapparaten noch von irgendwelchen Musicalproduzenten, die sich über den geliebten Kini auf ihre Art lustig machen. »Blasphemie« schallt es da aus patriotisch gestimmten Wirtstuben heraus. Aber es hilft alles nichts. Es gibt sie nämlich, jene Münchner, die sich über das ganze lauwarme König-Ludwig-Gesumse allenfalls amüsieren können. Und wahrscheinlich sind sie sogar weit in der Überzahl. Dennoch sollten Sie als München-Besucher nicht über den Kini spotten. So etwas darf nur der Bayer selbst. Und weil Sie als Besucher nie genau wissen, auf wen Sie in München treffen, ist es besser, das Thema Ludwig-Zwo mit Vorsicht anzusprechen. Wer möchte schon wegen eines toten Märchenkönigs Streit anfangen.

Münchner Kultur oder
Das Kreuz mit der Dauerwelle

Kultur oder Kultus? Das ist hier nicht die Frage! In München ist sie nämlich eindeutig beantwortet. Nun liegt dieses München aber – wohl oder wehe! – immer noch mitten in Bayern. Und dort fällt dem Besucher auf, daß das für Kultur zuständige Ministerium immer noch den religiösen Begriff Kultus im Namen führt. Eine etwas altertümliche Bezeichnung, die aus der Zeit nach 1806 stammt, als durch die napoleonische Säkularisierung viele Kompetenzen der Kirche in staatliche Hand übergingen. Kirchenfragen, Schulwesen und akademische Ausbildung waren zuerst beim bayerischen Innenministerium angesiedelt. 1847 dehnte König Ludwig I. den Wirkungskreis des Ministeriums für kirchliche Angelegenheiten auf »alle Gegenstände der Erziehung, des Unterrichts, der sittlichen, geistigen und künstlerischen Bildung und die dafür bestehenden Anstalten« aus. Das Kultusministerium hieß von nun an »Staatsministerium des Innern für Kirchen- und Schulangelegenheiten«. Bis 1918 blieb dies auch die offizielle Bezeichnung. Im Begriff »Kultus«-ministerium lebt diese Tradition weiter. Und gerade bei kulturellen Fragen ist die Verbindung zwischen Politik und Kirche in Bayern immer noch recht stark. Die sogenannten politischen Prälaten, hochrangige Geistliche, saßen gern in Parteien und Parlamenten und gaben dort nicht selten auch den Ton an. Da war nach dem Krieg zum Beispiel der stark klerikal geprägte »Petra-Kreis«, ein konservativer Zirkel in der CSU unter der Führung des tiefschwarzen Alois Hundhammer, der auch mal bayerischer Kultusminister war. Die Tradition hält sich bis heute, wenngleich nur mehr ganz wenige so tief schwarz sein dürften wie der Hundhammer und seine Freunde seinerzeit.

Heute ist das katholische Büro die Schnittstelle zur bayerischen Politik. Und man liegt bestimmt nicht falsch mit der Annahme, daß der liebe Gott und der bayerische Ministerpräsident immer noch einen guten Draht zueinander haben, wenn es nicht gerade um Fragen des Kirchenasyls geht. So ist es auch kein Wunder, daß das kulturpolitische Ereignis schlechthin in den vergangenen Jahre einen religiösen Hintergrund hatte: der Kampf gegen das Kruzifix-Urteil. Ein Aufschrei christlicher Empörung ging im August 1995 durchs Land, als das Bundesverfassungsgericht einer Klage recht gab, die die Kruzifixe aus Bayerns Schulzimmern verbannen wollte. Das oberste Gericht erklärte das Anbringen von Schulkreuzen in Bayern für verfassungswidrig, weil es mit der negativen Glaubensfreiheit in Schulen nicht vereinbar sei, wenn Schüler gezwungen würden, unterm Kreuz zu lernen. Das war die erste Version. Später interpretierte das

Gericht seinen eigenen Spruch so, daß nicht das Anbringen eines Kreuzes, sondern nur dessen staatliche Anordnung verfassungswidrig sei.

Wie auch immer, die Bayern durften wieder einmal toben. Gott sei Dank, denn so häufig kommt es ja auch nicht mehr vor, daß man sich in veritablen Kulturkämpfen gegen tendenziell preußisch-atheistisch-bolschewistische Bilderstürmer und Abendlandzerstörer profilieren kann. Endlich aber war es wieder soweit, die Sache lief so nach Plan, daß man fast annehmen durfte, die bayerische Staatskanzlei habe das Drehbuch für diese großangelegte PR-Kampagne selbst geschrieben. 700 000 Unterschriften wurden gegen die Kruzifix-Entscheidung gesammelt, mehr als 250 000 Protestbriefe wurden an das Verfassungsgericht geschrieben, es kam in München sogar zu Demonstrationen. Die Bayerische Staatsregierung brachte ein eigenes Gesetz ein, das, so Ministerpräsident Stoiber wörtlich, »die Bindungswirkung des Beschlusses des Bundesverfassungsgerichts achtet, aber auch den Rechtsrahmen voll ausschöpft, der dem Landesgesetzgeber verblieben ist«. So sollte auch künftig in jedem Klassenraum von Volksschulen ein Kreuz angebracht werden. Wenn dem »aus ernsthaften und einsehbaren Gründen des Glaubens oder der Weltanschauung« widersprochen werde, habe der Schulleiter nach Unterrichtung des Schulamtes eine Regelung zu treffen. Ein Jahr nach der großen Aufregung hatten sich die Wogen geglättet. In den 50 000 bayerischen Schulklassen gab es ganze dreizehn Anträge, das

Schulkreuz abzuhängen. In nur sechs Fällen kam es auch dazu. Zweimal gab der Schulleiter dem Antrag statt, viermal entschied das Verwaltungsgericht zugunsten der Eltern. In sechs anderen Fällen blieb das Kreuz hängen, darunter in dreien, weil der Antrag zurückgezogen oder nicht weiterverfolgt wurde. Vereinzelt kam es auch zu christlich-katholischen Missionierungsversuchen. In einem oberbayerischen Dorf sollen Bauernburschen einem Schulkreuzgegner sogar ein drei Meter hohes Feldkreuz vors Haus gestellt haben. Bei so viel Eifer muß man direkt froh sein, daß niemand angenagelt wurde.

Die gern zitierte Liberalitas Bavariae, die in eindrucksvollen Lettern das Portal der Stiftskirche der Augustinerchorherren von Polling ziert, war eben immer schon eine rätselhafte Angelegenheit. Ist damit die Freiheit Bayerns gemeint? Im Sinne von: Karlsruhe soll entscheiden, was es will, wir machen es dann eh wieder so, wie es uns paßt. Oder versteht man darunter die Freizügigkeit? Im Sinne von: Geh doch rüber, wenn es dir hier nicht gefällt. Die Freigebigkeit? Daß der Bayer sich die Freiheit nimmt, auch mal kräftig auszuteilen, wenn ihm einer blöd kommt. Bayerische Kabarettisten zum Beispiel durften dies in vergangenen Jahren oft genug feststellen. So schnell konnte man oft gar nicht einschalten wie das Bayerische Fernsehen wieder abgeschaltet hat, wenn es politisch oder kultisch unbotmäßig zu werden drohte.

Freilich, München ist nicht Bayern, werden Sie jetzt sagen. Aber Vorsicht! München ist groß. Wo eben noch ein buntes Nebeneinander das liberale, weltoffene Bild der Stadt prägte, tun sich plötzlich tiefschwarze Löcher auf. Auch wenn die meisten Münchner, wie viele andere Großstädter auch, an klassischen Glaubensfragen heute nicht mehr besonders interessiert sind. Das zeigt schon ein Blick in die Kirchen der Stadt: Gottesdienste sind in der Regel nicht übermäßig gut besucht. Außer natürlich wenn eines der besonderen Feste ansteht. Der katholische Pfarrer von St. Joseph in der Maxvorstadt hat kürzlich anläßlich einer Kindstaufe gemeint, daß man als Katholik in München heute schon zur Minderheit gehörte. Er hat dies ohne Larmoyanz festgestellt, fast lächelnd: Es ist halt so! Die Statistiken weisen ganz in diese Richtung. In manchen Stadtteilen, zum Beispiel in Schwabing und der Maxvorstadt, findet man heute schon mehr buddhistische Vereinigungen als katholische. Nicht umsonst gilt München seit langem als heimliche Hauptstadt des deutschen Buddhismus. Vielleicht hat die örtliche SPD ja auch deshalb im Sommer 2000 die sehr spontane Idee des Münchner Bundestagsabgeordneten und deutschen Innenministers Otto Schily aufgegriffen und den Dalai Lama in die Stadt geladen.

Manch alter Genosse hat jedenfalls nicht schlecht gestaunt, daß sich die Enkel August Bebels neuerdings mit tibetischen Gottkönigen herumtreiben. Aber für die Neue Mitte würde man zur Not auch durchs Nirwana gehen. Jedenfalls trafen sich unter sozialdemokratischer Fahne plötzlich Menschen, die man sonst eher bei Esoterikmessen oder beim Tollwood-Festival auf dem Olympiagelände erwarten würde. Letzteres ist übrigens seit Jahren fester Bestandteil des Münchner Kulturkalenders. Was ganz klein als alternative Spielwiese für Althippies begann, hat sich zum Vorzeige-Event des bunten München entwickelt. Zweimal im Jahr schlägt Tollwood seine Zirkuszelte, Dönerbuden und New-Age-Tand-Hütten auf und ist damit im Laufe der Jahre immer größer und größer geworden. Manche Münchner hatten schon befürchtet, daß Sommer- und Winter-Tollwood sich zeitlich und räumlich so ausbreiten könnten, daß eines gar nicht allzu fernen Tages ganz München ein einziges großes Alternativ-Zelt-Lager sein würde, über dem ganzjährig die Rauchzeichen der asiatischen Fast-Food-Stände und Räucherstäbchen-Händler den weiß-blauen Himmel endgültig verschleiern. So weit ist es aber dann doch nicht gekommen. Heute ist Tollwood für viele Münchner eine liebgewonnene Einrichtung, wo man zum Klang heiter-beschwingter Ethnorhythmen mit fettigen Fingern die Flecken exotischer Saucen von den Hosen wischt und sich dabei an Holzspielzeug, Duftlämpchen, Silberschmuck, Kleinkunst, Popkonzerten und Zirkusveranstaltungen genauso ergötzen kann wie am Anblick längst ausgestorben geglaubter Vertreter einer Art bayerisch-alternativer Batikfetzenbourgeoisie, die zwischen Ashram und Erleuchtung noch einen kurzen Boxenstopp eingelegt haben. Das Sommer-Tollwood im Juli ist übrigens auch die Lieblingsveranstaltung bayerischer Bauern. Nicht unbedingt, weil es sie mit aller Macht dorthin ziehen würde, sondern weil in neun von zehn Jahren der Festivaltermin ein Garant für drei Wochen Dauerregen ist. Zumindest in dieser Hinsicht feiert München sein kleines Woodstock-Revival, bei dem festes Schuhwerk nicht schaden kann und helle Kleidung zumindest leicht waschbar sein sollte. Da ähnelt das Mainstream-Alternativ-Fest dem Mainstream-Mainstream-Fest namens Wiesn. Und es gibt noch eine Parallele zum Oktoberfest: Man findet unter den Münchnern nicht wenige ausgemachte Tollwood-Hasser, die lieber dreimal um den Mittleren Ring als einmal um das Tollwood-Rund gehen würden. Allerdings gilt auch dabei der Grundsatz, daß nur der Eingeborene selbst über solche Münchner Einrichtungen schimpfen darf. Tut es ein Fremder, wird er sich schnell einer relativ geschlossenen Front von Verteidigern gegenüber sehen. Bei Glaubensfragen der Festkultur gilt weiterhin eisern das Regionalprinzip.

Was Tollwood erahnen läßt, findet seine Bestätigung in handfesten Umsatzzahlen. Die sogenannte Esoterik boomt an der Isar. Jedes Halbjahr gibt es eine eigene Messe, wo die Devotionalien der neuen Gläubigkeit gehandelt werden. Die Zahl der Wiedergeburtspraxen ist in einigen Vierteln wesentlich höher als die herkömmlicher Geburtskliniken. Der Trend zur vagabundierenden Religiosität hält jedenfalls an. An sonnigen Tagen kann es Ihnen schon passieren, daß Sie in Schwabing irgendeinem Halbguru oder Jünger begegnen. Zum Beispiel dem Altkommunarden Rainer Langhans, der wehenden Lockenhaares in kurzen Hosen und mit freiem Oberkörper auf dem Omafahrrad gerade seinen Harem flieht und im Luitpoldpark spirituelle Erholung sucht.

Das kulturelle Leben der Stadt ist – wie sagt man gleich wieder? – ja, genau: bunt. Bunt ist es. Was jetzt nicht mit zwergerlbunt im Sinne von farbenfroher Kindergeburtstag verwechselt werden darf. Obwohl es das natürlich auch zur Genüge gibt. Nein, die Kultur an der Isar ist bunt im Sinne von vielfältig, mit einem traditionellen Hang zum eher Heiteren. Und zum Teuren. So teuer kann ein Dirigent allerdings gar nicht sein, daß es am Ende nicht doch wieder heiter werden würde: am liebsten ein bisserl Mozart, Operettenpotpourris und viel Beethoven. Das kennt er, das mag er, der Münchner. Und das läßt er sich auch etwas kosten.

So wurde Lorin Maazel beim Bayerischen Rundfunk gehalten, Zubin Mehta für die Staatsoper eingekauft, und James Levine residiert als Philharmoniker-König und Celibidache-Erbe im Gasteig. Große Namen: Champions League eben, wenngleich sich ab und zu eine Spur Regionalliga einschleicht. Das ist dann oft Bauerntheater vom Feinsten! Die Plots sind zwar schlicht, aber kräftig und vor allem beliebig variierbar.

Ein Beispiel: Alteingesessener Knecht ist angeheiratetem Jungbauern ein Dorn im Auge und wird kurzerhand aus der Kammer geworfen. Was zu lautstarken öffentlichen Debatten und Beleidigungen führt, bis der Knecht beleidigt abzieht und sich beim benachbarten Bauernhof eine neue Anstellung sucht. In München wird so etwas immer wieder gern aufgeführt, zum Beispiel an den Kammerspielen in Starbesetzung: Exkulturreferent Julian Nida-Rümelin als stets gut angezogener, aber leider nur angeheirateter Jungbauer, Dieter Dorn als altgedienter Oberknecht, der hartnäckig seinen Anspruch auf lebenslanges Kammerspiel-Wohnrecht vertritt.

Immer wieder gern gegeben wird auch folgende Variante: Örtliche Blaskapelle soll neuen Dirigenten aus dem fernen Amerika bekommen, was im Dorf zu hitzigen Debatten über Moral und Blasmusik führt, bis der allein regierende Großbauer vorschnell ein Machtwort spricht, was er am Ende teuer bezahlen muß. In München lief dieses Stück ebenfalls in Starbesetzung. In den Hauptrollen James Levine, der König der New Yorker Met-Oper, als umstrittener Leiter der örtlichen Blaskapelle. Und Christian Ude als Großbauer. In diesem Stück, das bei seiner Premiere vor einiger Zeit nicht ohne Längen auskam, ging es also darum, daß nicht alle in München den glamourösen Star aus Amerika haben wollten, was sie mit zahlreichen Argumenten zu unterfüttern wußten. Diese wiederum hielt die Gegenpartei schlichtweg für Kindereien. Viel wurde debattiert, noch mehr hinter vorgehaltener Hand geredet. Und lange hat es gedauert, bis das eher erbarmungs- als Weltstadt-würdige Hickhack um die Celi-Nachfolge zu einem Ende kam.

Genau das aber ist das Schöne an München. Man weiß nie genau, wann großes Theater in Provinzposse umschlägt. Und umgekehrt. Weil das Ganze noch dazu auf einer höchst überschaubaren Bühne spielt, die durch eben diese Überschaubarkeit eine recht gute Klatsch- und Gerüchteakustik aufweist, bekommt mancher sein eigenes Echo zu hören, bevor er einen Satz zu Ende gesprochen hat. Am Ende des Levine-Stücks sprach jedenfalls der Oberbürgermeister das Machtwort. Nur das Beste und Teuerste war gut genug. An der Isar liebt man eben den Superlativ.

Und davon gibt es nicht wenige: München hat die meisten Museen Deutschlands, ist die größte Verlagsstadt, hat die größte Volkshochschule der Republik, die zweitgrößte Filmhalle Europas. Diese dient übrigens dazu, Münchens Rang als Filmstadt Nummer eins vor den großen Produktionszentren Berlin, Hamburg und Köln zu sichern. Natürlich steht an der Isar auch das größte Literaturhaus der Republik, das für viel Geld entstand, obwohl vorher bereits eine sehr lebendige, dezentrale Literaturszene in zahlreichen Buchhandlungen existierte. Ein großer Verlagskonzern, sagt man, habe sich mit dem Haus ein schmuckes Renommierstüberl eingerichtet. Und so mancher Kulturbürokrat, sagt man, habe sich mit dem Literaturhaus durch geschickte Verträge frühzeitig ein lukratives Auskommen gesichert. So richtet es sich ein jeder, wie er es braucht. Wie auch immer: Geld scheint dabei keine Rolle zu spielen, wenn es in München um Hochkultur und Prestigeobjekte geht.

Auch der bayerische Freistaat investiert seine Kultur-
millionen übrigens nicht ausschließlich in Kruzifix-
und Kripperlschnitzerschulen, sondern steuert viel
zur Hochkultur der Landeshauptstadt bei. Zum Beispiel bei den Staatstheatern: Die Bayerische Staatsoper, das Bayerische Staatsschauspiel und der Gärtner-
platz genießen über die Landesgrenzen hinaus einen
guten Ruf. Dabei wird durchaus auch auf die soziale
Dimension kultureller Förderung geachtet. Nur so
kann das traditionell notleidende Opernpublikum zu
Hauf auf seine wohlsubventionierten Sitzplätze strö-
men. Das Geld ist gut angelegt, es trifft ja keine Armen!

Natürlich hat München nicht nur die Hochkultur.
Es gibt jede Menge Stadtteilfeste und interkulturelle
Veranstaltungen. Auch Volkskultur wird gepflegt: 300
Laienchöre und Singkreise, 60 Kammer- und Sym-
phonieorchester, 60 Blaskapellen und Posaunenchöre,
300 Volksmusikgruppen und Solisten, 45 Volkstanz-
gruppen, 45 internationale Folkloregruppen.

Ja sogar Jugend- und Popkultur gibt es an der Isar:
Alljährlich findet – von der Stadtspitze zwar nicht
gern gesehen – der Union Move statt, welcher der
ganz kleine Bruder der Berliner Love Parade ist. Und
dann gibt es noch den Kunstpark Ost, eine Art Wan-
derzirkus, der alle paar Jahre sein Lager auf einer anderen aufgelassenen Nutzfläche der Stadt aufschlägt.
Dort ist dann das Pop-Ghetto, wo quasi alles untergebracht wird, was laut ist, schwitzt und Spaß hat.
Schön ordentlich getrennt vom Rest der Stadt: Stört

nicht, schmutzt nicht, lärmt bis zum nächsten Mittag quasi nur in den eigenen vier Wänden. So hamma's gern!

Sie sehen selbst: Es ist eigentlich alles da, in München. Wie wäre es zum Beispiel mit einem gepflegten Museumsnachmittag im generalüberholten und rund-erneuerten Haus der Kunst? Oder einer langen Museumsnacht, mit geröntgten Tintoretto-Schlachtengemälden in der Pinakothek zwischen zwei Pinacoladas? Nein? Doch lieber Stars und Sternchen gucken beim Filmball? Oder schmeißen Sie sich doch selbst mal wieder in Schale – Staatsoper! Wie wär's denn mit vier Stunden Sitzfleischtraining in Münchens renommiertestem Theater, den Kammerspielen! Lieber ein bißchen was Avantgardistisches gefällig? Hamma auch, gehen's in' Marstall. Vielleicht aber doch lieber eine Nummer kleiner? Was Lustiges? Kein Problem, München hat unzählige Hinterhoftheater und Kabaretts! Oder ein Besuch in einer der zahlreichen Galerien in Schwabing! Zum Sektschlürfmarathon bei der Open-Art! Die Stadt hat ja fast alles. Einschließlich einer Kulturschickeria, die immer wieder in ähnlicher bis identischer Besetzung auf recht ähnlichen Stehempfängen zu recht ähnlichen Anlässen recht ähnliche Statements abgibt und sich vorzugsweise um eine Handvoll grauer Eminenzen schart, die sich selbst auch immer ähnlicher werden. Allein die Kostüme wechseln regelmäßig. Zugegeben, das ist jetzt leicht übertrieben. Aber die Betonung liegt auf leicht.

Sie werden in München schon eine Vielfalt entdek-
ken, aber die sieht deutlich anders aus als zum Beispiel
in Berlin. Es fehlen hier die Gegensätze, die Rei-
bungsflächen, die Ecken und die Kanten. München ist
runder, sanfter, weicher. Eine Stadt zum Ausruhen
quasi. München ist die soziokulturelle Wellness-Zone
unter den europäischen Metropolen. Und daher ist es
auch kein Zufall, daß die Meldung von der Beauty-
Fitness-Literatur im Hairstudio aus München kam, ja
nur aus dieser Stadt kommen konnte. Die Nachrich-
tenagentur dpa schrieb: »Heimatlose Autoren erhalten bei einem Münchner Figaro die Gelegenheit, aus
ihren Werken vorzulesen. Zum Ambiente gehören
Frisierspiegel, griechische Figuren und ein Barpianist.
Das Stammpublikum, das sich sonst in diesen Räu-
men stylen läßt, genießt an ausgewählten Abenden
Literatur. Die Dichtersitzungen werden von einer Li-
teraturagentur gemanagt, die edle Verse und feinsin-
nige Geschichten auch in Schönheitsfarmen organisiert.« Honi soit qui mal y pense! Kultur in München
ist halt immer auch ein wenig Kultur im Zeichen des
Föhns.

Zen oder
Die Kunst, einen Biergarten zu finden

*I*n den Sagen und Mythen der Völker vermischen sich seit jeher Phantasie und Wirklichkeit. Historische Persönlichkeiten werden in abenteuerlich-märchenhafte Heldentaten verstrickt, reale Orte werden zum Schauplatz imaginär überhöhter Ereignisse. Um letztere soll es jetzt gehen. Wie alle Völker und Stämme zu allen Zeiten haben auch die Münchner ihre magischen Orte, die für ihre Vorstellungswelten und ihre rituellen Handlungen unentbehrlich sind. Diese Plätze sind Fixpunkte in den Legenden des Stammes und haben mit real existierenden Orten nur wenig zu tun. Sie entspringen in erster Linie dem Wunschdenken und werden nur zu gern für bare Münze genommen, weil sie für das Selbstverständnis der Münchner unverzichtbar erscheinen. Die Rede ist von den Biergärten, die seit langer Zeit als Leitmythos eine nahezu sakrale Funktion im Leben dieses Gemeinwesens einnehmen. Wenn hier gesagt wurde, der Mythos entspringe der Phantasie und dem Wunschdenken, so ist dies keineswegs abwertend zu verstehen. Denn oft ist es ja gerade die heilende Kraft der Mythen, die wirksam wird, wenn jede andere Hilfe zu versagen droht.

So war es bis vor kurzem durchaus denkbar, daß ein Münchner, der unter den Auswirkungen des berüchtigten Fallwindes namens Föhn litt, von seinem Arzt gefragt wurde, ob er denn auch genügend Bier getrunken habe. Was der Patient natürlich heftig verneinte, um auf kürzestem Weg den nächsten Biergarten anzusteuern, wo er bei zwei bis drei Maß den Rest seines Tages verbrachte und prompt geheilt war. Das Beispiel zeigt, daß es keineswegs übertrieben ist, wenn man sagt: Was dem Navajo-Indianer seine Schwitzhütte, ist dem Münchner sein Biergarten. Jeder, der an einem heißen Sommertag schon einmal in einer dieser Institutionen gewesen ist, wird diesen Eindruck bestätigen können. Alles schwitzt und tropft und schnauft, und freut sich ob der quasi kathartischen Wirkung der eigentümlichen Prozedur.

Der Biergarten ist der magische Kultort, an dem der Münchner das kosmische Gleichgewicht zurückerlangen kann. So können dort die himmlischen (= Föhn) und die irdischen (= Kopfweh) Energien mittels eines göttlichen Fluidums (= eine Maß Bier) zum Ausgleich gebracht werden. Auf diese Weise wird der Gläubige in den Zustand höchster Harmonie versetzt. Der Münchner hat für diese Form kosmischer Ekstase keinen eigenen Ausdruck. Wir kennen das Phänomen aber aus anderen Kulturen, wo es zum Beispiel mit Nirwana umschrieben wird. Hüten Sie sich also davor, den profanen Begriff Rausch zu verwenden, wenn Sie einen Münchner bei der vierten Maß vor sich hin meditieren sehen. Es handelt sich hier um eine quasi-religiöse Handlung, der mit entsprechender Pietät zu begegnen ist.

Überhaupt hat das Biergartensitzen, wie es sich idealtypisch im Mythos der Münchner darstellt, sehr viel mit einem buddhistischen Zen-Kloster zu tun. Der klösterliche Charakter dieser Münchner Einrichtung könnte vielleicht auch erklären, warum die Stadt ausgerechnet einen Mönch im Stadtwappen trägt. Um die religiöse Tiefendimension des Biergartensitzens zu erkennen, müssen Sie sich ein wenig auf die rituellen Gepflogenheiten einlassen. Wie der Name schon sagt, handelt es sich um eine Sitzmeditation, die nur in Ausnahmefällen unterbrochen werden soll. Ziel der Übung ist es, alle irdischen Bedürfnisse zu überwinden und auch dann noch auszuharren, wenn die Blase schon mehr als voll ist. Wer ständig aufs Häusl rennt, hat in den Augen der Münchner schon verloren. Rennen Sie aber trotzdem, bevor Ihnen ein Malheur passiert. Man wird es Ihnen nachsehen, Hauptsache Sie reden dabei nicht dauernd. Der oberste Grundsatz nämlich lautet: Es dürfen nicht allzu viele Worte verloren werden. Am besten sagt man gar nichts oder nur unsinnige Phrasen wie »Ja, ja« und »Ja mei«. Im seltenen Ausnahmefall einer Teilerleuchtung entgleitet dem bayerischen Zen-Mönch auch schon mal ein »Öha«. Der Biergartenanfänger enthalte sich solcher Lustschreie besser, weil er sonst von den altgedienten Mönchen beziehungsweise Münchnern schnell als Schwätzer durchschaut werden könnte.

Wie bei allen Richtungen der Meditation, kommt

es auch beim Biergartensitzen darauf an, daß der Meditierende die richtige körperliche Haltung, Atem- sowie Trinktechnik erlernt. Durch die konsequente Anwendung dieser äußeren Hilfen gelingt es ihm schließlich nach langem Üben, sich von allen irdischen Sorgen, Begierden und Wünschen frei zu machen. Im einzelnen geht das so vor sich:

Drei oder vier Mönche sitzen auf spartanischen Bänken um einen Holztisch herum. Die Unterarme fest auf dem Tisch, die Schultern angezogen, bis sich ein leichter Rundrücken, auch Buckel genannt, einstellt – das ist die Ausgangsposition des Meditierenden. Der Blick wird die meiste Zeit starr auf den Meditationsgegenstand gerichtet. Dieser ist etwa dreißig Zentimeter hoch, aus Glas, besser aber noch aus Stein, und mit Bier gefüllt. Selbiges hat Schaum zu haben, andernfalls ist es »lack« und wird unter den Nachbartisch gekippt. In möglichst regelmäßigen Abständen wird das Gefäß angehoben, zum Mund geführt, wobei gleichzeitig die Zunge im Rachen des Mönches weit zur Seite gelegt wird, damit das Bier ohne größere Reibungsverluste hinunterlaufen kann. Die hohe Kunst dieser bayerischen Zen-Richtung besteht darin, eine Maß ex zu leeren, ohne dabei schlucken zu müssen. Wir empfehlen Ihnen solche Selbstversuche anfangs eher nicht. Bewundern Sie lieber die Fertigkeit der Eingeborenen. Es ist in der Tat oft übermenschlich, was da geleistet wird.

Auch über folgende Übung müssen Sie sich nicht wundern. Sie ist ebenfalls aus dem Zen-Buddhismus bestens bekannt. Dort wird ein Meditierender, der schon lange Zeit bewegungslos dasitzt, manchmal von seinem Meister mit einem Schlag auf den Rücken erschreckt, auf daß er dadurch zu einer plötzlichen Erleuchtung komme. Dies ist auch in der Biergartenmeditation gängige Praxis. So kommt es nicht selten vor, daß ein schon lange vor sich hin meditierender Münchner urplötzlich von einem hinter ihm auftauchenden Glaubensbruder durch einen kräftigen Schlag mit der flachen Hand auf den Rundrücken, vulgo: Buckel, begrüßt wird. Anschließend gibt es zwei Möglichkeiten, wie die Situation aufzulösen ist. Entweder der Getroffene schreit laut und vernehmlich »Ja hö!«, was als Zeichen der plötzlichen Erleuchtung gedeutet werden kann. Der Schlagende setzt sich dazu, bestellt ein Bier. Daraufhin wird wortlos weitermeditiert. Oder aber der Geschlagene sagt gar nichts, worauf der Schlagende ihm eine absurde Frage stellt, die ungefähr so lauten könnte: »Ja he, du oide Wurschthaud, bist aa scho do?«

Weil es sich dabei nicht eigentlich um eine Frage handelt, wird vom Geschlagenen auch keine Antwort erwartet. Es ist eher eine Art Koan, ein Zen-Rätsel, das dem meditierenden Schüler aufgegeben wird. Es läßt sich nicht intellektuell lösen, sondern nur intuitiv. Der Mönch wird also weitere zwei bis drei Maß lang dasitzen und über das Problem des Daseins und seine eigene Existenz nachsinnen. Ziel seiner Meditation ist jedenfalls die Erkenntnis von der Einheit allen Seins, der Einheit aller Wesen, aller Menschen, Tiere und

Pflanzen. Dies ist auch der tiefere ethische Grund dafür, daß der im Biergarten meditierende Münchner Kastanienblätter oder Fliegen, die in seinen Maßkrug gefallen sind, grundsätzlich nicht mittrinkt.

All dies ist freilich idealtypisch zu betrachten. Es ist die verdichtete, überhöhte Vorstellung; es ist der Mythos von der bayerischen Biergartenseligkeit in Reinform. Ein Traum aus längst vergangenen Tagen. An dieser Stelle sei noch einmal an das Vorwort erinnert, in dem es heißt, München sei eine Stadt, die es so eigentlich gar nicht gibt. Es ist auch kein Wunder, daß im Leben dieser Stadt mythische Orte, die es eigentlich gar nicht mehr gibt, eine so große Rolle spielen.

Bedenkt man, daß es in München ungefähr 150 000 Biergartensitzplätze geben soll, dann ist leicht einzusehen, daß der real existierende Biergarten mit klösterlicher Ruhe und Einkehr nicht mehr viel zu tun hat. Manchmal scharen sich Tausende von Menschen gleichzeitig unter ein paar von Freßmotten angenagten Roßkastanien und simulieren lautstark Lebensfreude. Die Gärten des Epikur sind da eher selten geworden. Laut und hektisch geht es oft genug zu. Tausende drängen sich um schlecht eingeschenkte Maßkrüge und überteuertes Essen, der Geräuschpegel erreicht Grenzwerte, die vielzitierte Gemütlichkeit ist manchmal schon verflogen, bevor man sich überhaupt nur am Biertisch niedergelassen hat. So mancher Münchner hat an schlechten Tagen seine Not, den Mythos Biergarten aufrechtzuerhalten. Aus der Not aber immer wieder eine Tugend zu machen gehört zu den bewundernswerten Überlebenstechniken des Münchners. Schließlich war es ja auch die Not, die einst zur Erfindung der legendären Einrichtung führte. Die Hitze nämlich war es, die den Eingeborenen immer schon zu schaffen machte. Wagen Sie sich nur einmal an einem heißen Sommertag in den Straßenverkehr dieser Stadt. Sie werden schnell merken, daß das Gemüt dieser Menschen für höhere Temperaturen einfach nicht geeignet ist. Mit hochrotem Kopf sitzt er in seinem Auto, der Münchner, schwitzt und schimpft, was das Zeug hält, weil er seit einer Stunde auf der Sonnenstraße im Stau steht. Der Grad der Aggression nimmt bei Temperaturen über dreißig Grad sprunghaft zu, und das einzige, was jetzt noch beruhigend wirken kann, ist eine kühle Halbe an einem schattigen Plätzchen.

Das war zu Beginn des 16. Jahrhunderts auch nicht anders. Unseligerweise war der Sommer damals genau die Jahreszeit, in der auch noch das Bierbrauen verboten war, weil beim Sieden die Brandgefahr zu groß war. So wenigstens sah es die bayerische Brauordnung von 1539 vor. Nur zwischen den Festtagen des heiligen Michael und des heiligen Georg durfte gebraut werden, also zwischen 29. September und 23. April. Die Nerven des Münchners müssen gerade in bierlosen Sommermonaten arg angespannt gewesen sein. So mußte in der Tat eine Lösung gefunden werden. Schlau wie sie sind, legten die durstigen Bayern Vorräte an. Das letzte Bier der Saison, das sogenannte Märzen, braute man ein wenig kräftiger, so daß es hitzebeständiger war und den Sommer über nichts von seiner bezaubernden Wirkung verlor.

Fortan hatte der Münchner zwar die warme Jahreszeit über keine Versorgungsprobleme mehr. Aber was ist ein warmes Bier schon anderes als im günstigsten Fall eine Medizin, die zwar gut gegen Sommergrippe helfen mag, aber nicht unbedingt eine Erfrischung an heißen Tagen ist? Auch da wußten sich die Brauer an der Isar zu helfen, in dem sie spezielle Bierkeller bauten, die sich meist direkt neben dem Brauhaus befanden. Weil aber der Grundwasserspiegel in München nicht weit genug unter der Erde lag, konnten diese Keller nicht besonders tief angelegt werden. Im Winter sägten die Brauer deshalb zur Kühlung Eis in Stangen aus den umliegenden Weihern. Und für den Sommer pflanzten sie gegen die hartnäckige Sonne Bäume, die einen besonders schönen Schatten warfen und auch noch die lästigen Mücken fernhielten. Die Kastanie, der einheimische Baum mit den größten Blättern, diente als Dach für die unterirdischen Gewölbe und wurde auf diese Weise zum traditionellen Biergartenbaum. Er entwickelte sich quasi zum heiligen Baum der Bayern.

Unter diesen Kastanien stellten die Brauer Anfang des 19. Jahrhunderts verstärkt Tische und Bänke auf und verkauften ihr Bier direkt an die Bevölkerung. Den Münchnern gefiel es, aber die Wirte der Stadt waren reichlich ungehalten über diese Art der Direktvermarktung. Sie liefen Sturm dagegen. Die Brauer, so ihr Argument, sollten lieber die Wirte beliefern und nicht an jedermann ihr Bier verkaufen. Es stand ein handfester Streit ins Haus. Bis ein weiser Monarch für salomonischen Ausgleich sorgte. Um einer Rebellion vorzugreifen, lenkte König Ludwig I. ein und genehmigte den Bierausschank über den Kellern, verfügte aber, daß die Brauer kein Essen verkaufen durften. Wer also seine Maß Bier im Schatten der Kastanienbäume genießen wollte, mußte seine Brotzeit selbst mitbringen. Streng juristisch gesehen war dies die eigentliche Geburtsstunde des Biergartens. Die Brauer hielten sich wohl an diese Arbeitsteilung. Anders die geschäftstüchtigen Wirte, die bald anfingen, die Freiluftkonkurrenz mit ihren eigenen Waffen anzugreifen. Sie brauten zwar nicht selbst und waren demnach keine Brauer, was sie aber keineswegs daran hinderte, ihre Gastgärten mit Kastanien zu bepflanzen, unter die sie Tische und Bänke stellten. Keine Frage, daß die geschäftstüchtigen Wirte nicht nur Bier ausschenkten, sondern auch Essen verkauften. Bald hatte der traditionelle Biergarten das Nachsehen. Heute darf sich jeder mit Waschbetonplatten gepflasterte Hinterhof Biergarten nennen. Was an sich ja egal wäre, weil es sich die Münchner schon selbst zurechtlegen, welche Zumutungen ihr Leitmythos gerade noch vertragen kann. Die Frage, was denn nun eigentlich ein Biergarten sei, kam daher, wie sollte es auch anders sein, nicht aus München selbst, sondern aus dem hohen Norden. Gestellt hat sie der Vorsitzende Richter des Bundesverwaltungsgerichts in Berlin. Der Anlaß war so prekär wie die Sache selbst. Es ging sozusagen um die Seele Münchens. Der Angriff auf den Leitmythos eines Stammes stand bevor.

Was um Gottes willen war geschehen? Die Antwort lautet kurz und nüchtern: Gebietsunverträgliche Emissionen. Aus dem Amtsdeutschen übersetzt, bedeutet das so viel wie: Einigen Anwohnern der traditionsreichen »Waldwirtschaft Großhesselohe« mit ihren zweitausend Plätzen ist der nächtliche Lärm vor allem abfahrender Autos tierisch auf den Nerv gegangen. Ihre Klagen wurden erhört, und die genehmigten Öffnungszeiten drastisch zurückgefahren: »21 Uhr 30« hieß das Schreckenswort, das in den Ohren mancher Biergartenfreunde wie der Zeitpunkt der eigenen vorzeitigen Hinrichtung geklungen haben muß. Das wohl einschneidendste politische Ereignis in der Nachkriegsgeschichte Münchens nahm seinen dramatischen Verlauf: die Biergartenrevolution von 1995. Tausende von Bürgern demonstrierten gegen die richterliche Anordnung. Die Volksseele schäumte wie frisch gezapfte Wiesnmaßn. Jahrzehnte zuvor konnte Oskar Maria Graf noch von einem Münchner Arbeiter berichten, der anläßlich der Novemberrevolution 1918 auf einer Versammlung gesagt haben soll: »Also dann – mach ma halt Revolution, damit a Ruah is!« 1995 war es genau anders herum. Die Losung hieß diesmal: »Dann mach ma halt a Revolution, damit koa Ruah is!« Vor allem sollte keine Ruhe im Biergarten sein, bis nicht jeder seinen Kragen garantiert voll hatte.

So wenig die beiden Revolutionen von 1919 und 1995 ansonsten miteinander gemein hatten, die Intention aus bayerischer Sicht war in beiden Fällen ähnlich. Eine Re-Volutio im eigentlichen Wortsinn sollte es werden, eine Rückwälzung also, die den in Unordnung geratenen bayerischen Kosmos wieder in seine gottgefällige Ordnung zurückhievt und die alten Lebensverhältnisse wiederherstellt. 1918 hatten die Bayern vom Krieg und den Wittelsbachern die Nase gestrichen voll. Und 1995? Da gehörte zu den gottgefälligen alten bayerischen Lebensformen vor allem, daß man mit seinem Dreier-BMW direkt an den Rand eines Biergartens steuern und auch weit nach 22 Uhr leicht angetrunken und hochtourig wieder wegfahren darf. Weil eben dieses nächtliche Biergartensitzen mit seinen unvermeidlichen Begleitemissionen für den Bayern eines jener »ew'gen Rechte« ist, »die droben hangen unveräußerlich«, wie es in Schillers »Wilhelm Tell« heißt, deshalb ließ man sich auch nicht von irgendwelchen Verordnungen oder Gesetzen den himmlisch legitimierten Spaß verderben, sondern schritt zur Tat. Die erste bayerische Biergartenrevolution wurde von allen Parteien unterstützt. Die bayerische Staatsregierung stellte sich flugs an die Spitze der Revolutionäre und erließ eine Rechtsverordnung über Nutzungszeiten von Biergärten. Ihre Kernaussage: 23 Uhr! Prost! Die Verordnung allerdings war den Umständen entsprechend mit heißer Nadel gestrickt. Fortan ging es um die Frage, ob sie auch juristisch wasserdicht sei. Der Bayerische Verwaltungsgerichtshof erklärte die Sache zu einer »Rechtsfrage von grundsätzlicher Bedeutung« und verwies an das Bundesverwaltungsgericht in Berlin. Dort kam es nicht nur zur bereits erwähnten Frage, was ein Biergarten überhaupt sei. In den anschließenden Debatten wurde auch schnell klar, daß es in Bayern nur relativ wenige echte Biergärten gibt. Meistens handelt es sich um einen Wirtsgarten mit Speisekarte und Bedienung oder gar um eine Freischankfläche.

Die Berliner Richter jedenfalls kippten im Januar 1999 die bayerische Verordnung, wenn auch aus anderem Grund. Es sei schwer einzusehen, warum diese Verordnung überhaupt keine Lärmschutzregelungen für die Betriebszeiten vorsehe. Statt konkrete Grenzwerte festzulegen, erkläre der Freistaat einfach, der Lärm aus Biergärten sei gar kein Lärm, sondern Ausdruck bayerischer Lebensart und Tradition. Die Verordnung ziele damit offenbar vor allem darauf ab, die Biergärten vor dem Lärmschutz zu schützen. Es entstanden erhebliche Zweifel, ob dies mit Bundesrecht vereinbar sei.

Also, wieder Revolution? Nun ja, grundsätzlich schon, aber eine Revolution ist gemeinhin eine jener Freiluftveranstaltungen, die mit so ungemütlichen und noch dazu potentiell subversiven Tätigkeiten wie Zu-Fuß-Gehen, Transparente-Tragen und Skandieren von Parolen verbunden sein kann. So was liegt dem Bayern eigentlich überhaupt nicht, außer vielleicht einmal ein mehr oder weniger motiviert dahingebrummtes »Ho-Ho-Hofbräukeller«. Daß es trotzdem mitten im Winter wieder zu Demonstrationen auf dem verschneiten Marienplatz kam, zeigt nur, wie sehr die bayerische Seele unter dem Joch preußischer Verwaltungstyrannei gelitten haben muß. Während die tapferen Föderalisten erneut zum Halali auf die zentralistischen Hirsche in Berlin bliesen, besserte die bayerische Staatsregierung gleich nach. Die Angelegenheit hatte wirklich alles, was eine deutsche Revolutions-Soap-Opera braucht: Alle Klischees von Bayern gegen Preußen, von urwüchsiger Anarchie gegen kleinkariertes Ordnungsdenken, dazu viel Bier, viel Seele, viel Pathos und ein gutes Ende.

Bevor die Sache noch beim Europäischen Gerichtshof oder gar vor der UNO-Vollversammlung landete, besann man sich und ließ die große Revolution sanft ausklingen.

Die Biergartler dürfen auch weiterhin ihre Musik und ihre Maß Bier genießen. Schon im Sommer 2000 hatten sich die Wogen geglättet. Von den 2200 Gaststätten mit Freischankflächen haben 100 länger als bis 23 Uhr geöffnet. Für die kleinen Gaststätten und Straßencafés in Wohnvierteln, die ihre Tische meistens auf den Gehsteig stellen, gilt die Sperrzeit 22 Uhr. Die Tendenz geht allerdings zu 23 Uhr. Auch im Münchner Kreisverwaltungsreferat weiß man, daß nach der Biergartenrevolution die Menschen toleranter geworden sind.

Wenn Sie als Besucher nach München kommen, genießen Sie ganz einfach diese neu erkämpfte Liberalitas Bavariae und sparen Sie sich juristische Spitzfindigkeiten über E- und Immisionen. Auch die Frage nach der richtigen Definition eines Biergartens sollten Sie nur im geeigneten Umfeld diskutieren, vor allem, wenn Sie dies in einem eindeutig identifizierbaren Berliner Idiom tun. Daß Sie in einem echten Biergarten nach alter Münchner Tradition sitzen, erkennen Sie leicht daran, daß es Holztische unter Kastanien gibt und daß man seine Brotzeit mitbringen und das Bier selber holen kann. In bester Biergartengesellschaft befinden Sie sich übrigens, wenn Ihre Nachbarn folgende Utensilien dabei haben: Emmentaler, Radi, Brezn, frische(n) Butter, Tomaten, Essiggurken, Griebenschmalz, Radieserl, eventuell Schwarzgeräuchertes aus Niederbayern oder Wurstsalat.

Sollte Ihnen das Treiben an den Großzapfanlagen zu bunt sein, dann können Sie sich ja auf die Suche nach jenem Biergartenidyll aus der bayerischen Mythologie machen. Verzweifeln Sie nicht, es gibt sie bestimmt noch, diese echten Münchner Kleinode im Schatten der Roßkastanie, mit ruhigen, angenehmen Zeitgenossen. Ganz ohne Jazz und ohne Immissionen. Also, auf geht's! Auch Schliemann hat seinerzeit dem Mythos vertraut und Troja am Ende doch noch gefunden.

Immer gemütlich?
Der Münchner bei der Arbeit

Wenn Sie das Glück haben, an einem sonnigen Tag nach München zu kommen, werden Sie überrascht sein. Auf dem Viktualienmarkt geht es zu, als gebe es hier jeden Tag Begrüßungsgeld in Form von Nahrungsmittelgutscheinen. Und wenn schon nicht für Trüffel, Scampi und Prosecco, so doch für Leberkäs mit Kartoffelsalat und ein kleines Helles. Am Chinesischen Turm oder beim Aumeister im Englischen Garten wuselt es an den Bierzapfstellen wie in einer Tokioter U-Bahn-Station. Und am Eisbach lechzen Tausende mehr oder minder schön geformter Wesen bar jeder Verhüllung nach den ersten Segnungen des Zentralgestirns. Das scheint selbstverständlich nirgendwo so hell und leuchtend wie hier an der Isar. Allenthalben werden Ihnen frohgestimmte Menschen begegnen, die den Eindruck erwecken, mit Arbeit nichts im Sinn zu haben. Und schon gleich gar nicht an einem Tag, an dem der Himmel gnädigerweise sein werbeträchtiges Weiß-Blau angelegt hat. Der Münchner flaniert und kokettiert, debattiert und spintisiert, genießt die erste Maß und den frischen Radi samt Brezn im Schatten eines Kastanienbaums.

Auch der Jung-Münchner läßt seine Juravorlesung sausen und bevölkert lieber eines der zahlreichen Straßencafés, die eigens für Jurastudenten eingerichtet zu sein scheinen. Ritualartig reißen Eingeborene und Zugereiste gleichermaßen dem Dreier-BMW sein Faltdach vom Chassis und patrouillieren die Leopoldstraße auf und ab, stets auf der Suche nach Frischfleisch, das in tiefer Erkenntnis der wahren Werte im Leben ebenfalls seine Juravorlesung schwänzt. Sogar Versicherungs- und Bankangestellte lösen lässig den obligatorischen Schlips, lüften ihre grauen Einheitsuniformen und zelebrieren vor dem Eiscafé die kurzzeitige Unterbrechung ihrer gleitenden Arbeitszeit wie frisch gebackene Lottomillionäre ihren Gang zum Pool. Immer locker! Die Stadt lebt, oder tut jedenfalls so, auch wenn sie oder gerade weil sie offenbar sonst nicht viel zu tun hat.

Wundern Sie sich nicht darüber! Das muß so sein, es gehört quasi zum Pflichtprogramm auf den Freiluftbühnen dieser Stadt. München spielt wieder einmal Süden. Genauer gesagt »Nördlichste Stadt Italiens«. So nämlich heißt das Stück, das an der Isar regelmäßig mit mehr oder weniger großem schauspielerischen Geschick gegeben wird. Die Damen und Herren, zugereist oder auch nicht, üben sich jetzt in Leichtfüßigkeit, Lebensfreude und pathetischer Geste, beim letzten Italienurlaub genauestens einstudiert und doch meist noch nicht ganz in Fleisch und Blut übergegangen. Macht nichts, schließlich ist noch kein Italiener vom Münchner Himmel gefallen, es sei denn als

Gastarbeiter vom Gerüst einer der zahlreichen Baustellen. Aber um die geht es hier ja nicht.

Jedenfalls bemüht man sich in München mit großem Ernst um italienisch anmutende Heiterkeit vor einer stellenweise italienisch anmutenden Kulisse. Wesentlich für die Aufführung der mediterranen Comedia unter bayerischem Himmel ist es jedenfalls, so zu tun, als habe man alle Zeit der Welt und keinerlei Verpflichtungen. Vor allem keine, die etwas mit »im Schweiße deines Angesichts« oder ähnlich sauertöpfischen Formen des Broterwerbs zu tun haben könnten.

Dieses sorgsam gepflegte Freizeitpark-Image hat seine Wurzeln durchaus im Wesen der Eingeborenen. Denn grundsätzlich gilt: Zur Arbeit hat der Münchner wie alle Bayern ein sehr katholisches Verhältnis. Das heißt, ein eher gespanntes, um nicht zu sagen gespaltenes. Dies gilt vor allem für körperliche Arbeit, die dem Bayern als göttliche Strafe für den Sündenfall des Menschen erscheint und als solche zu meiden ist, wo es nur geht. Man läßt sie lieber die anderen machen. Schließlich möchte sich niemand vor dem Herrn als Sünder outen. Der Journalist und Reiseschriftsteller Kaspar Riesbeck beschrieb es 1783 so: »Der Hang zum Müßiggehen, zum Schmausen und zur Bettelei, welcher durch ganz Baiern herrscht, wird durch das Beispiel der fetten Mönche erhalten und geheiligt.« Auf wunderbare Weise kommt dieses bairische Menschenrecht auf Faulheit in einem Münchner Schnaderhüpfl von J. D. Westermair aus dem Jahr 1903 zum Ausdruck. Ganz ohne musikalische Begleitung singt Westermair: »I woas ned, i hob hoid mit da Arbeit koa Freid, oba – denn grod mit da Arbeit vasamt ma de Zeit.«

Doch die Zeiten haben sich geändert. Mehr noch als die Angst vorm Zeitverlieren durch Arbeit und auch mehr als die traditionelle Gottesfürchtigkeit kommt im Wesen des bundesrepublikanischen Südländers heute eine andere Eigenschaft zum Tragen. Er ist nämlich tendentiell »ruachad« bis zum geht nicht mehr. Der Begriff »ruach« oder auch »ruech« sollte an dieser Stelle erklärt werden. Im Bayerischen Wörterbuch des Johann Andreas Schmeller aus dem Jahr 1877 wird »Der Ruech« erklärt als »Mensch, der nach allem gierig ist, nie satt werden kann«. Diese bei Bayern stark ausgeprägte Disposition zum Haben in all seinen Erscheinungsformen wird heute vornehm umschrieben mit dem Bemühen um einen starken Wirtschaftsstandort. Ein solcher macht es wohl oder übel auch erforderlich, auf irgendeine Weise Geld zu verdienen. Und sei es mit dem medienwirksamen Image des kunstsinnigen, lebensverliebten, biergartenhockenden Epikureers, der den Herrgott einen guten Mann und die Arbeit Arbeit sein läßt. Das Bild eines gutmütigen Müßiggängers, der jedem seinen Frieden gönnt, solang er selbst nicht in seinen philosophischen Bierkrugmeditationen und seiner heiter-sinnlichen Gelassenheit gestört wird. Das Bild des Münchners aus der Weißbierwerbung also, das jeder Neuankömmling schneller verinnerlicht hat als den U-Bahn-Plan der Verkehrsbetriebe.

So spielt man hierzulande also gern den Bonvivant, für den jeder Tag ein Sonntag ist, einen Menschen mit Gemüt, kurzum: einen echten Münchner. Doch lassen Sie sich nicht täuschen. Diese bayerische Variante des Dolce far niente gehört heute zu München wie die Wiesn, das Hofbräuhaus und die Alpennähe. Als Standortfaktor ist sie fester Bestandteil der Corporate Identity der München GmbH & Co KG. Alle Filmrechte dafür sind vergeben, alle dazugehörigen Werbeplakate im Geiste schon gedruckt. Wahrscheinlich hat sich das Fremdenverkehrsamt der Stadt auch schon das Patentrecht reservieren lassen, für den Fall, daß demnächst der Forschung die Entdeckung eines Biergartengens gelingen sollte. In jedem Fall aber verwalten die Marketingexperten heute schon das einträgliche Image, fein säuberlich geordnet unter der Rubrik Lebensqualität Komma Gemütlichkeit Komma bayerische. Die kommunalpolitischen Reden und Interviews samt Zitatenschatz zum »Freizeitwert« Münchens sind für die nächsten zweitausend Legislaturperioden im voraus geschrieben. Und die Regieanweisungen für eins Komma drei Millionen Laiendarsteller gelten ohnehin als eherne Naturgesetze bis in alle Ewigkeit hinein.

Die Wirklichkeit freilich schaut wie immer ein wenig anders aus. München ist die Hauptstadt des bundesrepublikanischen Turbokapitalismus, ist Toplage und Boomtown, ist kreativer und flexibler Spitzenreiter im Technologie- und Innovationsranking. Ganz vorne dabei ist die Stadt, wenn es um High- und Bio-

Tech geht, um die höchsten Investitionsraten oder die geringsten Arbeitslosenzahlen. München beherbergt die führenden Denkfabriken in Naturwissenschaft und Technik, ist der bedeutendste deutsche Standort für die Informations- und Kommunikationsbranche, hat die höchste Konzentration an Internet-Firmen, die meisten Informatik-Professoren, ist also nicht nur Internet-Hauptstadt, sondern auch die größte Verlagsstadt der Republik und immerhin schon der zweitgrößte Bankenplatz Deutschlands nach Frankfurt am Main.

Noch irgendwelche Superlative gefällig? Die Frage ist falsch herum gestellt. Sie muß heißen: Sollte es wirklich irgend etwas geben, was in dieser Stadt nicht besser, höher, weiter wäre als irgendwo anders im Land, in Europa, auf der ganzen Welt? Die Antwort ist auch klar: Wenn ja, was hier nun wirklich niemand glauben will, dann ist es nur eine Frage der Zeit, bis es sich ändert. Denn München bricht alle Rekorde. Zumindest macht es den Eindruck, wenn man sieht, wie tatkräftig, ja wie verbissen die Verantwortlichen daran arbeiten, daß die Boomtown immer mehr und noch mehr Gas gibt. Ganz so als müsse man nachholen, was einem so lange Zeit von widrigen Umständen und verschlagenen Nordlichtern verwehrt wurde. Da herrscht weitgehend patriotische Einigkeit in Stadt und Land. Wenn es um die Wirtschaft geht, ziehen die schwarze Staatskanzlei und das rot-grüne Rathaus gern an einem Strick. Meist sogar in derselben Richtung.

Da kennt der Bayer nämlich keine Parteien mehr, sondern nur noch Arbeitsplätze. Und davon gibt's zur Zeit zumindest in München reichlich, ja mehr als genug. In der boomenden Informations- und Kommunikationswirtschaft etwa, so hört man die örtlichen Industrie- und Handelskammern klagen, fehlen Tausende von qualifizierten Arbeitskräften. Also kommet zu Hauf, ist die Botschaft an die armen Verwandten im Rest der Republik. Denn wenn der Reibach stimmt, treten selbst alte Animositäten gegenüber Preußen oder Franken in den Hintergrund. So was läßt sich dann auch gut als Weltläufigkeit verkaufen.

Der Süden als treibende Kraft in der Republik. Müßte der Soziologe Max Weber heute noch einmal über den Geist des Kapitalismus schreiben, er würde wohl anstelle der protestantischen Ethik verstärkt die katholischen Triebfedern in der Mechanik der Marktwirtschaft berücksichtigen. Denn längst ist die alte katholische Skepsis gegenüber allzu weltlichen Bemühungen einem schonungslosen Streben nach Erfolg und Gewinn gewichen.

Die dem Stamm der Bayern innewohnende bäuerlich-nüchterne Ausrichtung aufs Materielle, das jahrhundertealte Bestreben, »das Sach' zusammenzuhalten« und nicht irgendwelchen abstrakten Idealen nachzulaufen, ist da bester Nährboden für den Aufschwung, der nach 1945 kam. München gehört wie ganz Bayern zu den Nachkriegsgewinnlern, denn wo nichts war, konnte man viel hinstellen und wenn dann die politisch Verantwortlichen nicht besonders wählerisch sind bei der Antwort auf die Frage, was da genau hingestellt wird, dann hat man plötzlich die ganze Raum- und Luftfahrtindustrie dastehen und die Rüstung gleich noch dazu. Was bekanntlich noch nie ein schlechtes Geschäft war.

Und auf ein gutes glaubte man im Süden sozusagen einen höheren Anspruch zu haben. Schließlich hat das bayerische Selbstbewußtsein lang genug darunter gelitten, als ein Volk von rückständigen Mistaufladern dazustehen. Das freilich werden sie allem ökonomischen Erfolg zum Trotz immer bleiben. Sagt zumindest der Schriftsteller Herbert Achternbusch, der die Seele seines Stammes recht gut kennt:

»Die Bayern machen, was immer sie machen, wenn sie auch noch so technisiert sind, nämlich Mist aufladen. In Gummistiefeln stehen sie in der Miststatt und legen vom Misthaufen mit der Mistgabel Mist auf den Mistwagen, den sie dann auf beiden Seiten mit dem Mistbrett schräg schlagen. Sie sind stolz auf ihre Oberarmmuskeln, und sie sind stolz, daß ihre Regierung ihren Stolz auf den Stolz ihrer Oberarmmuskeln vertritt und daß sie von ihrer Regierung behandelt werden, wie sie den Mist behandeln, denn keinem soll es besser gehen.«

Heute heißt der Mist der Bayern High-Tech, Atom-Ei, Raumfahrt- oder Computerwirtschaft und wird bevorzugt in und um München herum auf- und umgeladen.

Der Stolz auf die Oberarmmuskulatur ist natürlich auch nicht verschwunden, er hat sich nur zeitgemäße

Formen gesucht und wird heutzutage gern als Presse-
meldung oder Börsenbericht hinausposaunt. Man
kann lange darüber sinnieren, ob die Bayern selbst von
ihrer Regierung auch so behandelt werden, wie sie
ihren neuen Mist behandeln: nämlich nahezu ehr-
furchtsvoll. Und noch länger könnte man darüber de-
battieren, wie dieser Mist den Charakter einer Region
und einer Stadt wie München auf Dauer verändert.
Denn ganz so gemütlich klingt das gar nicht mehr, was
aus den Büros der neuen Wirtschaft zu hören ist. Der
Münchner in der Computerbranche kennt quasi keinen Feierabend mehr. Gehen Sie mal abends vorbei
an den zahlreichen Büros der jungen Gründerexisten-
zen aus der Software-, Werbe- oder Computerbranche. Sie werden sehen, es stimmt: München leuchtet.
Aber neuerdings irgendwie anders. Es ist das Flackern
der Bildschirme, das nach acht noch allenthalben zu
sehen ist. In Isar-Valley gehen die Lichter nicht mehr
aus. Flexible Arbeitszeitregelungen auf Vertrauensba-
sis ist das Stichwort. Die Stechuhr fällt weg, und der
Streß kommt.

Nach dem Yuppie der achtziger Jahre hat nämlich
jetzt der Yettie seinen Auftritt. »Young, entrepre-
neurial, tech-based« – Jung, unternehmerisch und
technikorientiert also. Zwischen zwanzig und dreißig
Jahre ist er jung, sein Sinn des Lebens besteht im Arbeiten, vorzugsweise in der IT-Branche. Und da
schuftet er dann wie verrückt, auch nachts und am
Wochenende, denn so altmodische Einrichtungen

kennt das Internet nicht. Und wer zur Elite der New Economy gehören will, der paßt sich besser dem Rhythmus seines Computers an. Freizeit, Familie, Lebensgefühl – das alles ist bestenfalls Nebensache für den Yettie. Weil er ohnehin keine Zeit dafür hat.

Und über tariflich vereinbarte Arbeitszeiten können Boomtown-Bosse noch müder lächeln als ihre Mitarbeiter, wenn sie den Begriff Muße hören. »Das Geschäft ist so spannend und unsere Mitarbeiter sind so engagiert, daß manche nicht einmal ihren regulären Urlaub in Anspruch nehmen«, erklärte kürzlich ein Human Resource Director eines Softwareunternehmens in München. Wer würde da noch über japanische Reisegruppen auf dem Marienplatz lachen. Die nehmen sich immerhin noch die eine Woche Jahresurlaub. Der Tod im Fleißfeld, das Hinscheiden infolge von Überarbeitung, war bisher vor allem in Japan bekannt, wo es unter dem Begriff »Karoshi« seit den achtziger Jahren einen festen Platz im Wörterbuch gefunden hat.

Aber wer weiß, wenn es so weiter geht in der Boomtown, könnte es schon sein, daß Sie, lieber Besucher, Augenzeuge einer solchen, für München bald recht typischen Szene werden: Sie sitzen ganz gemütlich am Chinesischen Turm, plötzlich kommt ein käseweißer Dreißigjähriger daher, mit Schwitzflecken unterm Arm und nervösen Zuckungen um die geröteten Augen, setzt sich gruß- und atemlos zu Ihnen an den Tisch, bestellt eine Maß, und kaum daß er ansetzen will zum Trinken, bricht er auch schon zusammen, schlägt mit dem Kopf am Biertisch auf – Exitus! Was tun Sie in so einem Fall? Bleiben Sie ruhig, warten Sie auf die Bedienung und sagen Sie ihr dann ganz unaufgeregt: »Karoshi – und no a Maß!«

Dann nehmen Sie einen Stift zur Hand und schreiben auf ein Bierfilzl in großen Buchstaben: »Verbindung unterbrochen. Bitte benachrichtigen Sie den Hersteller!« Anschließend legen Sie das Bierfilzl dem Karoshi-Yettie gut sichtbar auf den Hinterkopf. Naturgemäß wird es jetzt eine Weile dauern, bis etwas passiert. Die ersten Fliegen werden sich auf Ihren toten Nachbarn setzen. Aber schon nach zwanzig Minuten kommen zwei Ordner und tragen unseren Karoshi-Yettie hinaus. Und keine zehn Minuten danach kommt auch schon Ihre frische Maß. Die haben Sie sich jetzt auch redlich verdient.

Neue Gemütlichkeit hin, Münchner Charme her – Bayern und seine Metropole jedenfalls segeln seit geraumer Zeit unverdrossen unter der Kriegsflagge von New Economy durch die Datenmeere dieser Welt. »Laptop und Lederhose« steht als kämpferisches Motto vorn drauf, und Tausende von Yettie-Rittern sind an Bord, um neue, unbekannte Wirtschaftskontinente zu erobern. Wer jetzt entgegnet, daß ja selbst bayerische Kabinettsmitglieder nicht genau wüßten, wie man Laptop eigentlich buchstabiert, der hat bestimmt nicht ganz Unrecht. Zumindest ergab dies die Umfrage einer Münchner Zeitung unter bayerischen Spitzenpolitikern. Das Ergebnis war eher ernüchternd: Richtig tiefschürfend war das Wissen über die

neuen Medien bei den Führungskräften der Staatskanzlei nicht gerade. Aber was besagt das schon? Es
gibt ja schließlich auch niemanden, der Edmund Stoiber für ansehnlich gekleidet hält, wenn dieser alljährlich in Gebirgsschützentracht etwas dünnwadlig vor
den Kameras des Bayerischen Fernsehens auf und ab
tänzelt. Man darf einen Politiker nicht immer an seinen Möglichkeiten messen. Genauso wenig wie man
einen Volksstamm immer nur an seinen Politikern
messen sollte.

Sonst wäre es vielleicht wirklich schlechter bestellt
um die Zukunft des Wirtschaftsstandortes. Ist es aber
nicht, wie Experten der Region München immer und
immer wieder bescheinigen.

Es kommen sogar schon wieder welche, die sagen,
den Münchnern gehe es zu gut. Vor allem den jungen
Münchnern. Viele Lehrstellen bleiben frei, kein
Mensch wolle mehr anstrengende Arbeit oder unbe-
queme Arbeitszeiten in Kauf nehmen, klagen die Experten vom Münchner Ausbildungsmarkt. Keiner will
mehr Koch, Bäcker oder Metzger werden. Ist sie das
etwa wieder, die sympathische altbairische Scheu
vorm Arbeiten? Keineswegs! Alles drängt in die
High-Tech-Berufe, nur fürs Handwerk werden verstärkt Lehrlinge aus dem Osten geholt.

Und das ist ein Alptraum für bayerische Traditionali-
sten in der Landeshauptstadt. Wird die gute alte Brezn
bald nur noch von Brandenburgern gedreht? Die
Weißwurst von Sachsen? Und das saure Lüngerl als

thüringische Spezialität, direkt an der Isar? Genügend Stoff für Kulturpessimisten, die den Untergang Münchens schon plastisch vor Augen haben und den Verfall beschwören, mitten im feistesten Wohlstand, wie seinerzeit im alten Rom. Wir wollen diesen furchtbaren Gedankengang gar nicht erst weiterführen, sondern in der Gegenwart bleiben. Und die sieht eigentlich recht rosig aus.

Ja, es geht ihm gut, dem Münchner, auch wenn es ihn gar nicht gibt, diesen Münchner. Freilich, wenn Sie aus Berlin oder aus dem Ruhrgebiet anreisen, werden Sie die grobe Verallgemeinerung erst einmal hinnehmen, weil Sie sich des Eindrucks nicht erwehren können, in einer verdammt reichen Großstadt, inmitten eines verdammt reichen Bundeslandes zu leben. Und die bayerischen Statistiker werden einen Teufel tun, Ihnen diesen Eindruck auszutreiben. Vor allem dann nicht, wenn sie auf den Gehaltslisten des Freistaats stehen. Ganz nüchtern werden sie Ihnen vorrechnen, daß in Bayern viertausend Einkommensmillionäre leben, ein Viertel davon in München. Und ganz ohne falsche Bescheidenheit werden sie kräftig die Hosenträger schnalzen lassen, um dann lapidar zu erklären: München ist und bleibt eine der reichsten Städte, auf 10000 Einwohner kommen neun Millionäre. Nur in Starnberg draußen, dem Nobelvorort am See, da sind es sogar vierzehn.

Ja, ja, so samma, sagt sich da der Durchschnittsbayer, denn dieses Wissen gibt ihm rundherum die wohlige Bestätigung dafür, im richtigen Bundesland zu leben.

Was macht es da schon, wenn er selber bloß 60 000 Mark im Jahr heimträgt, der Durchschnittsbayer. Mia san mia. Und im Biergarten sowieso alle gleich.

Und daß ihm jetzt ja keiner von diesen linken Miesmachern mit ihrem Sozialklimbim daherkommt. Oder einer von der Caritas, der dauernd herumwuiselt, daß in Bayern jeder fünfte Haushalt in Armut lebe und die Tendenz steigend sei. So einer wird sofort in die Münchner Innenstadt verwiesen, da sieht er dann seine Armut, am Samstagmittag zwischen zwölfe und eins: 27 330 Menschen hat man in dieser einen Stunde gezählt. Absoluter Rekord, beste Einzelhandelslage Deutschlands, Top-Ladenmieten. Und wer es dann immer noch nicht glauben mag, der frage nach bei den Statistikern der Bayerischen Staatskanzlei: Die haben nicht einmal anständige Zahlen über so absurde Phänomene wie Armut. Womit doch eindeutig bewiesen wäre: Eine Armut haben wir in Bayern keine, und wenn wir eine hätten, dann wären sowieso die Rot-Grünen im Münchner Rathaus dafür zuständig. Und überhaupt, für so einen Schmarrn wie Armut interessiert sich doch die Bayerische Staatskanzlei nicht.

Sollten Sie diese oder ähnliche Sätze zu hören bekommen, dann sind Sie bei Ihrer Armutsrecherche vermutlich gerade auf einen CSU-nahen Münchner gestoßen. Nennt Ihnen Ihr Gegenüber hingegen aus dem Stegreif sämtliche Adressen von Anlaufstellen für Obdachlose, Alleinerziehende und Suchtgefährdete sowie mindestens je zwei Telefonnummern von Schuldnerberatungsstellen und Mutter-Kind-Selbsthilfegruppen, dann ist er oder sie wahrscheinlich ein Anhänger von Rot-Grün.

Dies alles sollten Sie nicht ganz aus dem Gedächtnis verlieren, wenn Sie an einem lauen Sommertag im Biergarten unter einem schönen, schattigen Kastanienbaum sitzen und mit einem Münchner über das Dolce-far-niente-Gefühl, den Reichtum und die Gelassenheit seiner Stadt reden. Vergessen Sie nicht: Es ist ein schönes Theater, das Ihnen da geboten wird. Freuen Sie sich über das Stück, das Sie zu sehen bekommen. Applaudieren Sie dem Münchner, loben Sie ihn dafür, er wird es Ihnen dankbar heimzahlen. Sagen Sie ihm, wie sehr Sie diese Gemütlichkeit zu Hause vermissen und daß es so was eben nur hier gibt, ja eigentlich nur hier geben könne. Er wird zustimmend nicken und hinzufügen: »Ja mei, München halt.« Und Sie antworten am besten: »Ja, ja, München, gell«.

Dann wird alles gut sein und wahrscheinlich wird ihr neuer Freund selbst für ein paar Sekunden vergessen, daß er gleich wieder rüber muß, zu BMW, IBM oder zu Siemens, und daß er heute abend wahrscheinlich ganz ohne Biergarten- und Italien-Seligkeit wieder eine Nachtschicht am Computer einlegen wird, daß er vorher aber noch kurz bei seinem Kreditberater vorbeischaut, wegen der Schulden und der Tilgung und dem ganzen Blödsinn mit dem Reihenhausendstück in Pasing draußen, ja und überhaupt, daß die Raten für den neuen Dreier auch schon wieder drücken wie ein alter Skischuh ...

All das wird unser Münchner für kurze Zeit vergessen haben, er wird sich und Ihnen noch eine Maß bestellen und vielleicht einen bayerischen Wurstsalat dazu, und wenn er ganz besonders gutgelaunt ist und die Blasmusik wieder ganz besonders schneidig aufspielt, dann wird er Sie vielleicht auch noch mit jenem typischen Zitat verwöhnen, das alle echten Münchner auf den Lippen tragen, wenn Sie Fremde um sich wähnen und voller Inbrunst ihr Stück Namens »Gemütlichkeit« aufführen dürfen, auch wenn Ihnen das Isarwasser schon bis an die Unterlippe steht. Er wird Ihnen sagen: »Bei uns in München, da heißt es: Leben und leben lassen.« Und wahrscheinlich wird er es sogar selber glauben. Und Sie auch. Was? Alles Theater, sagen Sie jetzt. Was wollen Sie eigentlich mehr? Andere Städte haben nicht einmal das.

Epilog:

Da geh her! Schön dableiben

*W*ie werde ich eigentlich ein richtiger Münchner? Die entscheidende Frage, auf deren Beantwortung Sie, werter Leser, vermutlich von Seite eins dieses Buches an gewartet haben. Anders kann man die folgenden Zahlen gar nicht interpretieren. Denn laut Umfrage eines großen Reisemagazins ist München des Bundesbürgers liebste deutsche Stadt. Und zwar mit Abstand. Über fünfunddreißig Prozent der elftausend Befragten votierten für sie, vor Hamburg mit achtzehn Prozent und Berlin mit fünfzehn. Wo also sonst sollte man leben wollen, wenn nicht in München? Doch wie wird man Münchner? Sprachkurs in Pidgin-Bairisch? Schuhplatteln? Goaßlschnalzerausbildung? Trachtenhut? Um Gottes willen, alles eher nicht, um nicht zu sagen: keinesfalls! Es geht nämlich viel unkomplizierter. Bleiben Sie einfach da! Und behaupten Sie steif und fest: I bin a Münchner! Spötter werden Ihnen darauf bestimmt antworten: Gern, wenn Sie eine Wohnung finden. Und man könnte noch eins draufsetzen und sagen: Klar, wenn Sie den richtigen Reisepaß haben. Übrigens, sollten Sie letztere Bedingung nicht erfüllen, fühlen wir uns leider nicht zuständig. In diesem Fall empfehlen wir eine Gebrauchsanweisung für den Nahkampf mit deutschen Ausländerbehörden und wünschen Ihnen alles Gute beim Gang zum Münchner Kreisverwaltungsreferat.

Wenn der Paß aber stimmt, kann der Spaß beginnen. Und selbiger heißt: Wohnungssuche! Eine prima Gelegenheit, viele Leute kennenzulernen – bei einer Wohnungsbesichtigung sind immer mindestens 50 Mit-Münchner da, die sich allesamt gleich von ihrer besten Seite zeigen. Da ist die junge Blonde mit kurzem Rock, tiefem Ausschnitt und dem vermieterfreundlichen Lächeln. Da ist der unvermeidliche Immobilien-Fonds-Fuzzi mit der ausgebeulten Hosentasche – 5000 Mark Cash in Scheinen, die als Argumentationsstütze auf dem Tisch liegen, sobald alle anderen Bewerber weg sind. Schließlich will man den Eigentümer bei der Wahl seines neuen Mieters ja ein wenig unterstützen. Und da fehlt auch bestimmt nicht der Spaßvogel, der mit Witzen à la »Gibt's hier Freibier oder was?«, die ohnehin schon genervte Bewerberschlange noch ein bißchen mehr piesackt. Sie werden sich gleich recht wohl fühlen – auch wenn es mit der Wohnung bei den ersten zwanzig Anläufen noch nicht klappen sollte. Aber verzweifeln Sie nicht, sehen Sie's lieber von der positiven Seite. Bei solchen Besichtigungen sollen auch schon verträumte Romanzen, dauerhafte Liebesbeziehungen und echte Freundschaften entstanden sein. Leiden verbindet eben.

Apropos leiden. Billig wird's nicht werden. München als Boomtown ist die Stadt, die vor lauter Kaufkraft aus allen Nähten platzt. Bei den Wohnungs- und Ladenmieten jedenfalls ist sie bundesweit ganz vorne – die Hälfte Ihres Einkommens können Sie getrost schon mal für eine feste Bleibe zur Seite legen. Auch bei den Einzelhandelspreisen liegt München meilenweit über dem bundesdeutschen Schnitt. Ein bißchen zusätzliches Kleingeld sollten Sie also schon mitbringen, auch wenn Sie nur ein paar Tage bleiben wollen. Nicht zuletzt dann, wenn Sie sich in den feineren Läden und Boutiquen der Innenstadt herumtreiben. Und doch, es hilft und hilft nichts: Jeder drängt an die Isar.

Nun können diese München-Närrischen ja nicht alle Masochisten sein. Es muß schon noch mehr dran sein an dieser Stadt. Obwohl die Abgesänge auf sie kaum mehr zählbar sind. Ein sogenannter München-Kenner, der selbst in Berlin lebt, hat zum Beispiel unlängst geschrieben, die ehemalige »Hauptstadt mit Herz« habe das Lächeln verlernt, ihr Charme sei brüchig geworden, ihre Aura verblaßt. Der München-müde Schriftsteller bringt diesen Niedergang mit dem Wechsel in der bayerischen Staatskanzlei in Verbindung. Der barocke Sonnenkönig Franz Josef Strauß, er fehle ihm halt so. Nun ja, jeder liebt eben sein München. Aber darüber hinaus hat der gute Mann auch wohlfeilen Rat. Als Alternative nämlich empfiehlt er neben seiner Wahlheimat Berlin eine weitere Stadt, »mit der man schon einmal in Sachen Barock,

Bürgerstolz, Richard Strauss, bildender Kunst auf Augenhöhe konkurrieren mußte«. Der Mann spricht von Dresden. Ja, richtig gelesen – Dresden. Nun ist Dresden gewiß eine schöne Ortschaft. Wir erlauben uns dennoch, an dieser Stelle den von unserem München-Kritiker so begeistert angeführten Franz Josef Strauß mit einem seiner Lieblingssätze zu zitieren: »Dann geh doch rüber!«

Selbiges gilt für Berlin. Früher soll ja München die heimliche Hauptstadt der Republik gewesen sein. Sagt man. Aber jetzt, da wir mit Berlin eine neue, richtige und ach so wichtige Metropole haben, die alles andere als heimlich und nicht Wenigen angesichts preußischen Protzes sogar eher wieder unheimlich ist, scheint alles anders zu sein. Eine Ersatzhauptstadt im Süden braucht man nicht mehr. Oder doch? Wir behaupten: Schon! Denn wer so eine Hauptstadt hat, braucht München mehr denn je. Nur sie gibt der Republik weiterhin das, was hierzulande an allen Ecken und Enden fehlt. Jene gelebte, oder – sei's drum – auch nur gespielte, jedenfalls zutiefst undeutsche Gelassenheit und Heiterkeit. Jene unernste, lockere, mediterran angehauchte und bayerisch verspielte Lebensart. Jene fast schon österreichisch anmutende Melange aus harmlosem Größenwahn und täglich aufs neue ausgelebtem Provinzkomplex. Nicht umsonst hat der frühere österreichische Kanzler Bruno Kreisky gesagt, er komme gern nach Bayern, »denn da bin ich nicht mehr in Österreich und noch nicht in Deutschland.«

Überhaupt ist Kreiskys »Nicht mehr – noch nicht« die geeignete Methode, um eine Stadt wie München zu beschreiben, die es so ja gar nicht gibt, nie gegeben hat und nie geben wird, wie wir im Prolog festgestellt haben. Spinnt man die Methode weiter, schneidet München jedenfalls immer wieder gut ab. Nicht mehr Norden und noch nicht Süden. Nicht Westen und noch nicht Osten. Nicht mehr ganz bayerisches Land, mit all seinen oft allzu bodenständigen bis unterirdischen Schön- und Plattheiten. Aber auch noch nicht ganz Metropole. So gesehen ist München die Subtraktion Mitteleuropas von sich selbst. Übrig bleibt dabei nicht etwa nichts, sondern vielmehr eine Projektionsfläche, auf die jeder seinen eigenen Traum von der Stadt bannen kann. Den Kunst-Traum, den Italien-Traum, den High-Tech-Traum, den Alp-(en)traum, den bayerischen, den kosmopolitischen, den gemütlichen ... oder eine Mischung aus allen.

Nun kann man gern anführen – wir haben es oben zur Genüge getan – daß all diese Münchner Traumtugenden dauernd in Gefahr zu sein scheinen. Stimmt auch. Boomtown und New Economy, Isar-Valley und neue Skyline, Laptop in der Lederhose und Nouvelle Richesse unterm Chanel-Kleidchen – sie alle ziehen und zerren an allen Ecken und Enden und lassen manchen Münchner tief erschrocken aus einem Alptraum hochfahren. »San mia no mia? Oder samma scho die andern?«, fragt er sich dann mit Angstschweiß auf der Stirn und ernsthaft besorgt um die Identität seiner Stadt. Dem Pessimisten bleibt – wie immer – nur der

Verweis auf den glanzvollen Traum der vergangenen Tage. Bier- und kunstselige, gemütliche und (ein-)gebildete, extravagante und über die Maßen charmante Tage. Traumtage eben. Denn früher war schließlich alles besser. Allerdings wird das auch in Zukunft noch gelten, weshalb wir es gegenwärtig in München – auch wenn ein Münchner das nur ungern zugibt – ganz gut aushalten können. Zumindest so lange es diese Traumtage gibt. Gehen Sie doch einfach mal an einem lauen Sommerabend in den hinteren Teil des Hofgartens, und blicken Sie über den Brunnenpavillon hinweg auf die Türme der Theatinerkirche. Sie werden unter Umständen viel mehr wahrnehmen als einen zauberhaften Nachthimmel und ein architektonisches Juwel des Hochbarocks. Oder schlendern Sie im Frühjahr durch die Maxvorstadt, vorbei an den Straßencafés, wo der erste Cappuccino bei Sonnenschein förmlich zelebriert wird. Auch der winterliche Spaziergang durch den fast menschenleeren Englischen Garten wird seine Wirkung nicht verfehlen. Genausowenig ein schöner Herbsttag im alten nördlichen Friedhof oder ein Sonnenaufgang über dem Viktualienmarkt ... Sie werden München lieben. Und Sie werden gar nicht anders können, als München zu lieben. Welchen Traum Sie in dieser Stadt letzlich träumen wollen, müssen Sie selbst entscheiden. Irgendeiner wird in jedem Fall für Sie dabei sein. Und höchstwahrscheinlich wird es ein sehr schöner.

Glossar

BIAFUIZL   Bierdeckel

BOANDLKRAMER   der Tod

DRATZN   jemanden ärgern

DABLECKA   verspotten, bayerische Art des Aufbegehrens gegen Obrigkeiten, in Resten noch zu erkennen beim alljährlichen Starkbieranstich auf dem Nockherberg

DEANDL   Mädchen, nicht zu verwechseln mit »Dirndl« (Trachtenkleid), auch nicht mit »Dirn« (Magd), was wiederum keineswegs für Dirne steht, weil die im Bayerischen »Schnoin« heißt

DEPP, DAMISCHA   dummer Zeitgenosse (halbwegs despektierlich, im Gegensatz zum sehr despektierlichen »Halbdeppen«, gemäß dem bayerischen Motto »Weniger ist oft mehr«)

FESCH   hübsch, ansehnlich

FINGERHACKLA   bayerischer Kampfsportler

FOTZN; v.a. in »HOIT DEI FOTZN« (derb)   Sei still! (hat anders als im Norddeutschen keine geschlechtliche Konnotation)

GAUDI   ausgelassene Freudenskundgebung der Eingeborenen

GFRIESS Fresse

GRANTLER, GRANTLHUBER, GRANTLN pessimistischer Philosoph, der seine spezifisch skeptizistische Weltsicht wortkarg, aber in mitunter bösartigen Sätzen äußert

GRISCHBAL schmächtiges Wesen

GSCHAFTLHUBER, GSCHAFTLN Wichtigmacher, der über alles und jeden herzieht, nach dem ehernen Grundsatz: »Ma sagt ja nix, ma redt ja nur!«

HELLES obergäriges, bayerisches Bier

HOITSMEI! (oder kurz: 'ZMEI!) mögliche Formel, um den oben genannten Gschaftler zumindest kurzzeitig in seine Schranken zu verweisen

HOIWE Halbe, steht für »halber Liter Bier«

HUTZLBRIA dünner, fader Kaffee

»I WAAR JETZ DO!«, bayerische Höflichkeitsform, mit der der Sprecher seine Anwesenheit kundtut

KERWEZEINER Bezeichnung für den altehrwürdigen, wenngleich sozial nicht sonderlich hochstehenden Beruf des Korbmachers

KRATTLER sozial nicht besonders hochstehender und wenig geschätzter Zeitgenosse: Kommt vom italienischen »Carretto«, einem zweirädrigen Handwagen, auf dem früher fahrende Händler, vor allem aus Tirol kommend, mit Kind und Kegel nach Bayern gereist sind, um ihre Waren zu verkaufen

KUTTNBRUNZER wenig würdige Bezeichnung für den in Bayern sozial an sich sehr hochgeschätzten Berufsstand des Mönchs (*vgl.* Abstammung des Wortes München)

LÄTSCHN   im weitesten Sinn für Gesicht, besonders das lange; siehe auch → Gfrieß

MILLIBITSCHN   Milchkanne

NOAGERL   Reste in stehengelassenen Biergläsern

NOAGERLZUTZLER   gesellschaftlich wenig respektierte Person, die Reste aus fremden, stehengelassenen Biergläsern trinkt

NOSNRAMME   Nasenpopel

NOSNRAMMEFRESSA   unappetitlicher Zeitgenosse

PRESSHOIBE   last order-Phänomen; letzte, schnell getrunkene Halbe, im äußersten Notfall *siehe auch* Schnitt

RESCH   knusprig, vorzugsweise bei Brezn verwendet, manchmal auch für junge Frauen

SCHDIARN   (jemandem eine sch.) eine Watschn, auch: Schelln, geben

SCHLEICHDE!   es ist Zeit zu gehen, mein Freund!

SCHMATZA!   Schwätzer

SCHLIINFAHRN   Schlittenfahren, bayerische Art der winterlichen Fortbewegung vor Einführung des 3er-BMW mit ABS und Stahlgürtelreifen

SCHMIARGL   physische Abreibung, die den Tatbestand der Körperverletzung ohne weiteres erfüllt

SCHNITT   Bier, mit viel Schaum und keine ganze Halbe, kostet dafür auch weniger. Sehr zu empfehlen, wenn der Wirt eigentlich schon zu hat oder der Trinker eigentlich schon zu ist

SURI   Schwips

ZAMPERL   kleiner Hund, meist Rauhaardackel, ohne den man sich einen Alt-Münchner gar nicht vorstellen kann. Obwohl die städtischen Bürgersteige und Grünstreifen alle zwei Meter andere Hinweise geben, sieht man Zamperl heute nur noch selten. Bei der Münchner CSU werden jedoch zu Wahlkampfzeiten immer noch gern Leih-Zamperl herumgereicht. Fürs Plakat.

ZUTZELN   saugen (vom italienischen succhiare); von den Bayern verfeinerte Kulturtechnik, mit deren Hilfe Weißwürste verzehrt werden, ohne daß brachiale Gewalt das Objekt verunstaltet